用户经营飞轮

亚马逊实现指数级增长的方法论

张思宏 著

机械工业出版社
CHINA MACHINE PRESS

"从用户出发,反向驱动企业的创新和改革。"这是亚马逊创始人杰夫·贝佐斯最重要的理念之一,也是亚马逊实现指数级增长的关键因素。

在用户主权时代,用户反向驱动企业增长。本书作者结合其亚马逊中国前副总裁和首席用户体验官的从业经历和实操经验,为读者拆解亚马逊成功背后的底层逻辑——用户经营思维,并告诉你如何才能让用户经营飞轮在自己的企业中飞速地旋转起来:以用户需求为起点,通过建立机制,反向驱动公司内部流程、组织、文化、产品、商业模式的创新和变革,让企业实现持续健康增长。

图书在版编目(CIP)数据

用户经营飞轮:亚马逊实现指数级增长的方法论/张思宏著. —北京:机械工业出版社,2021.2(2023.9重印)
ISBN 978-7-111-67543-3

Ⅰ.①用… Ⅱ.①张… Ⅲ.①电子商务-商业企业管理-研究-美国 Ⅳ.①F737.124.6

中国版本图书馆CIP数据核字(2021)第030683号

机械工业出版社(北京市百万庄大街22号 邮政编码100037)
策划编辑:解文涛 责任编辑:解文涛 蔡欣欣
责任校对:李 伟 责任印制:孙 炜
北京联兴盛业印刷股份有限公司印刷
2023年9月第1版·第4次印刷
145mm×210mm·9.375印张·3插页·171千字
标准书号:ISBN 978-7-111-67543-3
定价:69.80元

电话服务 网络服务
客服电话:010-88361066 机 工 官 网:www.cmpbook.com
　　　　　010-88379833 机 工 官 博:weibo.com/cmp1952
　　　　　010-68326294 金 书 网:www.golden-book.com
封底无防伪标均为盗版 机工教育服务网:www.cmpedu.com

前　言

亚马逊爆炸性增长的核心：痴迷于用户

我在亚马逊的经历和感悟

"Peter，你这是彻头彻尾的官僚主义！"

"来，坏 Peter，请你先来谈谈上周用户的声音吧。"

"千万不能用结果引导结果，而要用行为引导结果！！"

"谁让你关心竞争对手的？！他们只会抢我们的钱又不会给我们钱！！"

"我们不通过卖东西赚钱，我们是一家通过给用户提供好的、不好的信息，来帮助他们做出购买决定而赚钱的公司。"

……

到目前为止，我在职场一共工作了 24 年，曾先后供职于麦当劳、可口可乐、戴尔等世界 500 强外企；也一度和乐视这种话题感十足的民企有过短暂的邂逅；再加上曾在全国 10 余所高校的 MBA/EMBA 中心讲课，并同时为企业家及高管做咨询和辅导，粗略算下来也经历和研究过上百家公司了。这些公司对我的职业成长和学术研究都起到了

前　言

相当大的作用，但要说最大、最深、最具颠覆性的，那还要首推本书重点讨论的这家公司——在这家公司里，让我听到、看到了上面那些堪称洗脑的言论和做法，这让我对企业的经营管理和价值定位有了全新的思考和认知：

原来企业文化这种"软性"的东西，是不应该用"硬性"的方法（金钱、绩效、KPI）去驱动的。

原来"用户忠诚度"是个伪命题，只有懒惰的企业家才会用这种没什么用的东西去"绑架"用户。

原来衡量企业成败的不是利润率，而是手中握有始终投资于未来的自由现金流。

这，就是亚马逊，从成立之初就始终标榜要"做地球上最以用户为中心的公司"。从万货商店到数字阅读（Kindle），从AWS的云计算到Echo音响和Alexa语音识别，在过去的25年间亚马逊一路高歌猛进，终于成为全球第二家市值过万亿美元的公司，并连续多年被评为全球最具创新精神的公司之一；股票价格更是在过去的20年间飙升数百倍；其创始人杰夫·贝佐斯（Jeff Bezos）也在2018年和2019年连续两年问鼎"胡润全球富豪榜"，一时间风头无两……

关于亚马逊商业帝国成功的原因，坊间众说纷纭：有说互联网红利，有说创始人长远的战略眼光，也有说专注于科技创新……那么究竟什么才是其成功的秘籍呢？如果

你要问我,一个曾经在亚马逊摸爬滚打了 5 年,期间两进两出的亲历者,那么我的答案将非常简单直接,那就是:

永远痴迷于用户体验,并以"机制"而非良好的意愿做好用户经营。

这,就是亚马逊这个伟大的商业帝国成功的关键!而要想学习到其中的精髓并真正地让其在企业中落地,那么你就必须扎扎实实地打造出下面这个神秘的武器:用户经营飞轮。

用户经营飞轮的三个层次

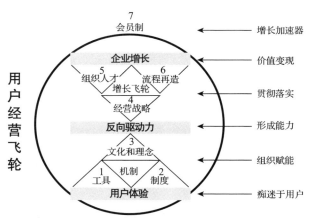

从用户出发,经过三个层次的逐层进化,最终以机制+会员制打通用户经营的壁垒,实现企业增长和价值变现

那么如何才能让这个飞轮在你的企业中飞快地旋转起来呢?用户经营是一个体系化的工程,从用户出发,到最

终推进企业增长，并升华成高价值的会员制，整个过程一共分为以下三个逐层递进的层次。

1. 关注用户的正确方法：建立机制

首先必须用正确的方法聚焦于用户，然后通过工具、制度、文化和理念来建立起一套扎实的机制，从而为组织赋能，让整个企业形成一种"反向驱动"的力量。

2. 把良好的用户体验转化为价值：增长飞轮

关注用户只是用户经营的起点，接下来还需要通过增长飞轮将其与企业运营的方方面面相结合，在经营战略、组织人才、流程再造三个维度实现价值变现，这样才能将良好的用户体验顺畅地转化为巨大的商业回报。

3. 持续创新和价值升级：会员制

以付费会员制作为终极加速器，使从用户出发到价值变现形成闭环，并不断快速旋转和实现价值升级，从而为企业打造出独特的核心竞争力和不断创新的动能。

从用户出发，经过三个层次的逐层进化，最终以机制+会员制打通用户经营的壁垒，实现企业增长和价值变现——这，就是用户经营飞轮的核心意义和价值所在。

看到这里你可能要问了：既然亚马逊的成功如此"简单"，仿佛每个人都能一学就会，那么为什么和它同时期创立的众多公司却不断倒闭，最后真正像它一样成功的公司屈指可数呢？还有，现在亚马逊看起来确实是成功了，引得市场上大量的企业都在围观，市面上也出现了不少解读其成功秘密的书籍和课程，但亚马逊的这套方法真的就适用于每家公司吗？如果学习的方法不对，会不会反而给企业造成负面影响呢？亚马逊中国不就搞砸了吗？2019年其电商业务黯然退出中国市场，这又该如何解释呢？

记得有一次我受邀给一帮国内的初创公司创始人分享亚马逊的用户经营，就在大家频频点头拍手称赞时，一位创始人站起来狠狠地怼了我一下：

"老师，您讲了这么多亚马逊成功的经验和方法，确实令人耳目一新。一开始我也听得挺兴奋，可是听着听着我觉得不太对劲了，因为这些全都是'好评'啊，可是现在谁还相信花钱就能买到的'好评'呢？就拿我来说吧，我现在上网买东西只看'差评'，根本不看'好评'，因为只有'差评'才是对用户有价值的、真实可信的。照此逻辑，我想问您一个问题，请您务必老老实实地回答。在您用这套'用户经营理论'辅导过的企业中，有没有哪家企业被您'成功'地给辅导垮了？如果有，它们垮掉的原因和教训是什么？还有，亚马逊既然这么牛，那为什么在中国却被本土企业打得毫无还手之力，黯然退出呢？"

我到现在都无法忘记当时教室里那种尴尬的气氛，在大笑声中，我一边打着圆场，一边开足大脑的马力，飞快地将做过辅导的每一家企业走马灯般地进行回放：阿里巴巴、一加手机、唯品会、好买网、每日优鲜、中国移动、潮宏基……放着放着，我突然找到了答案，内心也陡然松弛了下来，稍微组织了一下思路之后，我这样回答：

"这位爱听'差评'的小伙伴，在仔细回顾了我所有的辅导案例之后，老师现在拍着胸脯回答你：没有！到目前为止，还没有任何一家企业因为吸收和践行了此套方法论而被搞垮的。这倒不是说我的理论放之四海而皆准，而是因为这些企业家根本就没有足够的耐心和持之以恒的勇气，给我搞垮他们企业的机会！"

说他们没有给我搞垮他们的机会，是因为他们缺乏像亚马逊一样数十年坚持不懈地把一件"简单"的事情做到极致的恒心和勇气；其实他们一开始还是非常配合的，这些企业家在听了我的课后都非常认可，立刻请我过去给他们做落地执行的辅导，可是当用上了一堆的工具、方法和流程后，他们慢慢发现两个问题产生了：

（1）"效果"不明显。数字的提升（短期回报）不如老办法那么简单直接立竿见影。

（2）变革的阻力非常大。工具、方法、流程可以简单复制，但是其背后深层次的文化、理念、KPI设计、员工的行为却不是一朝一夕就能推翻重来的。

怎么办？于是有些企业就遗憾地半途而废走了回头路。这就是为何我遗憾地回答那位创始人学生：哎，为什么他们就不能给我一次搞垮他们的机会呢？

那么什么才是学习亚马逊（以及类亚马逊们）成功经验的正确做法呢？以下三点就是我给大家的建议：

（1）向成功者学习，并不是要去复制成功者走过的老路，而是要领悟其选择路径的原因和逻辑，以及背后的故事，从而以此为鉴，来打造自己的未来——因为时过境迁，成功者借以成功的天时地利都已改变，所以其过去的成功其实跟我们的现在并没有太大的关联。

（2）成功虽然无法复制，但是"失败"或许可以避免。这个世界永远不可能存在一种适合每家企业的"经营秘籍"，因此千万不要过于迷信那些正在风口浪尖上的成功的"弄潮儿"，越是流行的、看起来"成功"的模式，就越是离死不远了。当所有人都在埋头学习共享单车、乐视生态、互联网金融、瑞幸咖啡的"成功"秘密时，你却清晰地懂得在全球业绩领先的亚马逊为何折戟中国，以及能真正引领中国互联网甚至是整个商业未来的模式、方法、管理体系是什么，这岂不更加有价值吗？

（3）先讲真实案例、故事，然后剖析其背后的底层逻辑，接着给出整套的方法论，最后提供国内外企业在落地应用时的成功经验或者失败教训。这就是我写本书的基本逻辑。先从一个个让我感受深刻的故事开始，然后从一个亲历者、研究者的视角挖掘其背后的根源，接着提供可落地的整套方法，最后辅以其他企业在执行中正反两方面的经验教训，从而保证每个读者有感、有思、拿来就能用，进而总结出最适合自己的方法来。

怎么样，现在大家有点感觉了吧？别着急，只要你接着往下看，就会发现更多独特、令人脑洞大开的亚马逊神操作在等着你，赶快花几分钟时间完成下面的"用户经营自查表"，看看你的企业在用户经营方面究竟做得怎么样，还存在哪些问题，需要如何改进。我相信填完这张表之后，会有不少人倒吸一口凉气，然后迫不及待地想一口气把这本书读完。

你的企业现在做得如何：用户经营自查表

（1）找10个一线员工问两个问题：1）你知道如何实现企业的伟大愿景吗？2）你知道通过做哪几件事，才能让自己成为用户最喜欢、最需要的员工吗？如果答出第一个问题的人数比答出第二个问题的人数多于5，那么说明你的企业文化实际就是一张废纸。

_____

_____

（2）你觉得现在在职的人当中有多少是"对"的人（这里"对"的人是指真正认可并愿意践行企业的价值观和文化，渴望与企业一起成长的人）？

_____

_____

（3）基于现在的招聘流程、面试问题，招聘官真的能把这些"对"的人都招进来吗？还是只招他们喜欢的人？

_____

_____

（4）这些"对"的人进来以后，企业能把他们留住吗（发展、奖惩、KPI设计、升迁）？

_____

_____

（5）每次开会时用户的声音都会被听到吗（无论什么部门、什么级别）？

_____

_____

（6）企业高管（董事长、总经理、副总裁……）会定期去一线接电话、处理投诉或直接服务用户吗？

_____

_____

（7）当一线员工已经很确定地知道，眼前出现的某个问题肯定会影响用户体验时，他们可不可以立刻用一个简单的工具或者方法不经请示地将其解决掉？

_____

_____

目 录

前言　亚马逊爆炸性增长的核心：痴迷于用户

第一部分
以"用户反向驱动力"玩转用户经营

第 1 章　从不关注竞争对手的亚马逊 ··· 002
1.1　传统的企业对标分析流程 ··· 002
1.2　亚马逊奇葩的企业对标分析会 ··· 005

第 2 章　"用户反向驱动力"的应用和价值 ··· 009
2.1　永远不关注竞争对手 ··· 009
2.2　从用户出发，反向驱动企业的变革 ··· 011
2.3　用户反向驱动力的应用层次和价值 ··· 013

第二部分
"用户经营飞轮"的第一个层次：组织赋能

第 3 章　亚马逊的用户反向驱动机制到底是什么样的 ··· 016
3.1　接听用户电话：神奇的"按灯" ··· 016
3.2　"你这是彻头彻尾的官僚主义！" ··· 020

第4章 要素1：工具 ⋯ 024

4.1 从丰田的"按灯"到亚马逊的系统化工具 ⋯ 024
- 4.1.1 "按灯"的由来及背后的逻辑 ⋯ 024
- 4.1.2 亚马逊上线"按灯"的原因 ⋯ 028
- 4.1.3 "按灯"的目的和价值 ⋯ 030

4.2 "按灯"在每日优鲜的应用 ⋯ 031
- 4.2.1 不能实行"按灯"的各种"完美"借口 ⋯ 031
- 4.2.2 上线流程：发现问题—采取行动—报告/沟通 ⋯ 034
- 4.2.3 上线"按灯"之后的改变 ⋯ 037

4.3 "按灯"真的适合我们的企业吗 ⋯ 039
- 4.3.1 "按灯"的适用性：来自一位高管的现场质疑 ⋯ 040
- 4.3.2 什么可以被"按灯" ⋯ 041
- 4.3.3 如何管理"按灯" ⋯ 046

4.4 "品相不好"这个问题该怎么解决 ⋯ 048
- 4.4.1 沃尔玛生鲜部门领导的烦恼 ⋯ 049
- 4.4.2 来自员工的"简单"建议 ⋯ 051
- 4.4.3 如何平衡个性化需求与共性体验 ⋯ 052

第5章 要素2：制度 ⋯ 055

5.1 万里挑一的用户体验官是做什么的 ⋯ 055
- 5.1.1 亚马逊用户体验官的由来和价值 ⋯ 055
- 5.1.2 独特的亚马逊新员工培训 ⋯ 057
- 5.1.3 用户连接/亲听/站店⋯⋯ ⋯ 059

5.2 开会谁先讲 ⋯ 062
- 5.2.1 VOC：一切从用户的声音开始 ⋯ 062
- 5.2.2 一加手机的几点心得 ⋯ 067

目 录

5.3 "空椅子"的价值 ··· 069
　5.3.1 "空椅子"的由来 ··· 070
　5.3.2 我对"空椅子"价值的再认知 ··· 071
　5.3.3 应用"空椅子"时的几点建议 ··· 074
5.4 杰夫·贝佐斯的"？"电子邮件 ··· 076
　5.4.1 一封无字电子邮件引发的"血案" ··· 076
　5.4.2 5个WHY工作法 ··· 079
　5.4.3 榜样的价值和意义 ··· 081

第6章 要素3：文化和理念 ··· 084

6.1 什么是"以行为引导结果" ··· 085
　6.1.1 以结果引导结果催生的闹剧 ··· 085
　6.1.2 5%的会员转化率到底低不低 ··· 087
　6.1.3 结果不重要，重要的是产生结果的行为是否正确 ··· 091
6.2 塑造优秀员工的行为习惯画像 ··· 094
　6.2.1 行为习惯是知识、能力、意愿的合体 ··· 095
　6.2.2 为员工做行为习惯画像的步骤 ··· 096
6.3 关注长远的目标 ··· 101
　6.3.1 杰夫·贝佐斯两亿元的大"玩具" ··· 101
　6.3.2 "重复购买提醒"+"用户评论" ··· 102
　6.3.3 关注长远的"是"与"不是" ··· 105
　6.3.4 乐于被误解的亚马逊创新 ··· 107
6.4 亚马逊"用户至上"的企业文化 ··· 109
　6.4.1 旗帜鲜明地定义公司愿景（对内） ··· 110
　6.4.2 致股东信（对外） ··· 110
　6.4.3 亚马逊14条领导力原则（定义行为规范） ··· 113

6.4.4 "宪法"—"专门法/行政法规"—日常工作:落地三部曲
··· 115
6.5 "一次给你三双鞋" ··· 118
6.5.1 美捷步令人称奇的服务 ··· 118
6.5.2 美捷步文化书的由来 ··· 123
6.5.3 "品牌"与"文化"是一个硬币的两面 ··· 124
6.6 麦当劳笨拙而又聪明的竞争 ··· 126
6.6.1 麦当劳市场组的工作职责 ··· 126
6.6.2 为何如此接地气的打法最后却失败了呢 ··· 129
6.6.3 培养和关注未来的用户,才是最聪明的竞争之道 ··· 132

第7章 用户体验的3种测量方法 ··· 135
7.1 用户体验的经典测量方法 ··· 135
7.2 3种测量方法的缺陷分析 ··· 140
7.3 对用户体验测量方法的再思考 ··· 143

第三部分
"用户经营飞轮"的第二个层次：价值变现

第8章 要素4：经营战略 ··· 149
8.1 解读亚马逊的"飞轮理论" ··· 149
8.1.1 亚马逊"飞轮理论"的由来 ··· 150
8.1.2 Kindle的定价逻辑 ··· 154
8.2 美捷步的成功秘籍 ··· 157
8.2.1 "客服中心的好坏直接关系到企业战略的成败！" ··· 157
8.2.2 如何将客服中心变成品牌的核心价值 ··· 159

目录

8.2.3	这样做企业能赚到钱吗	···163

8.3 以用户体验驱动新零售的创新（一） ···165
- 8.3.1 什么是"以用户为中心" ···165
- 8.3.2 亚马逊线下书店业务流程全拆解 ···167

8.4 以用户体验驱动新零售的创新（二） ···175
- 8.4.1 以全场景的解决方案打通线上/线下的体验壁垒 ···175
- 8.4.2 怎样从用户的视角定义OTO的价值 ···179
- 8.4.3 "拿了就走"的零费力度购物体验 ···180

8.5 "客户"不等于"用户" ···183
- 8.5.1 乐视的互联网电视为何要卖得那么便宜 ···185
- 8.5.2 乐视眼里的"用户"与"客户" ···187

第9章 要素5：组织人才 ···192

9.1 谁是"对"的人 ···192
- 9.1.1 亚马逊独特的用人理念:先人后事 ···193
- 9.1.2 应该招"合适的"员工还是"最好的"员工 ···194
- 9.1.3 怎样定义谁是"对"的人 ···196

9.2 怎样招到"对"的人 ···200
- 9.2.1 招聘中的"搅屎棍":BR ···201
- 9.2.2 亚马逊招聘流程第一步:面试前的准备 ···203
- 9.2.3 亚马逊招聘流程第二步:面试 ···206
- 9.2.4 亚马逊招聘流程第三步:总结+做决定 ···206

9.3 如何发展和奖励"对"的人 ···209
- 9.3.1 亚马逊的薪资结构 ···210
- 9.3.2 绩效考评的方法与底层逻辑 ···213

第10章　要素6：流程再造 ··· 219

10.1 以用户视角定义新产品 ··· 219
10.1.1 为何要开用户体验官审核会 ··· 219
10.1.2 会前准备：新闻发言稿/视觉化的产品 ··· 221
10.1.3 问答环节＋新产品展示 ··· 223

10.2 不用一页PPT，亚马逊靠什么开会 ··· 225
10.2.1 亚马逊是怎样开会的 ··· 225
10.2.2 为何亚马逊不用PPT开会 ··· 229
10.2.3 用"亚马逊记叙文"开会的注意事项 ··· 231

10.3 把每一分钱都花在用户身上 ··· 233
10.3.1 财务预算到底是做什么的 ··· 233
10.3.2 亚马逊财务预算的底层逻辑 ··· 235
10.3.3 亚马逊财务预算的流程 ··· 235

第四部分
"用户经营飞轮"的第三个层次：增长加速器

第11章　要素7：会员制 ··· 243

11.1 会员制的发展和对企业的价值 ··· 243
11.1.1 会员制的由来 ··· 243
11.1.2 亚马逊Prime会员制的发展历程 ··· 245
11.1.3 Prime会员制对亚马逊的价值和意义 ··· 247

11.2 第一步：寻找正确的用户，而非创造潜在的会员 ··· 250
11.2.1 定义和寻找"正确"会员的思维逻辑 ··· 251
11.2.2 Prime项目在中国落地时的"意外" ··· 253

11.2.3　会员制的"是"与"不是"　⋯ 254
11.3　第二步：设计短期和长期的会员利益和价值　⋯ 257
　　11.3.1　会员制产品的种类　⋯ 258
　　11.3.2　设计长期和短期会员制产品的原则和逻辑　⋯ 259
　　11.3.3　要不要把"梅西百货"放入产品目录　⋯ 262
11.4　第三步：如何推广会员制　⋯ 265
　　11.4.1　会员制项目上线后需要关注的三个问题　⋯ 265
　　11.4.2　会员制带给我的感悟　⋯ 268

结束语　让你的用户经营飞轮转起来　⋯ 271

后　记　当所有的"亚马逊"都离我们而去时，我们就真的胜利了吗
　　　　　⋯ 276

第一部分

以"用户反向驱动力"玩转用户经营

第 1 章
从不关注竞争对手的亚马逊

1.1 传统的企业对标分析流程

在正式讲解"用户经营飞轮"之前,我们首先要搞懂一个重要的概念,叫作"用户反向驱动力",它是亚马逊用以提升用户体验,并用来驱动整个公司运营、增长、创新的核心价值观和基本逻辑。那么什么是用户反向驱动力呢?下面我先给答案,再讲故事以及背后的逻辑。

用户反向驱动力包含两个方面:

(1)我们从不关注竞争对手,我们只关注能给用户创造什么价值。

(2)永远从用户出发,然后反向开始工作,为用户发明创造。

任何一名新员工进入亚马逊,都会被要求参加一场由"用户体验官"(CXBR)主导的培训,在这场名为"亚马逊的古怪方式"的培训中,新员工们会被10条在用户服务中要遵循的古怪的行为准则所"洗脑",此时用户体验官会问每一个人:

"你们当中有多少人在服务用户时,会像亚马逊要求的这样做到100%的'古怪'?"

记得我以新员工的身份第一次参加这个活动时,对培训中的那10条行为准则确实感到十分新奇有趣。但要说多么震撼,还到不了那种程度,因为像我这样的老江湖,是能够清晰地分辨"忽悠"与"来真的"的区别的。像这种新员工培训,我已经经历过多次,因此当时只是觉得有趣,因为里面所谈到的亚马逊关于服务用户的一些理念和方法确实非常奇葩,但大道理谁不会讲啊?因此培训完毕后我并没有太在意。可是过了没多久就发生了一件"来真的"的"小事",这才让我第一次真切地感觉到:这家公司真的非常"古怪"。

熟悉企业管理和市场营销的朋友应该对企业对标分析(Benchmarking Study)不会陌生。企业对标分析也称基准管理,是指一个组织瞄准一个比其绩效更高的组织进行比较,以便取得更好的绩效,不断超越自己,超越标杆,追求卓越,进行组织创新和流程再造的过程。

简单来讲就是,如果我们发现行业中谁做得比我们好,市场占有率比我们高,打法比我们新奇,用户反馈更正向,那么我们一定会心生羡慕，非常想了解他们到底有什么秘密，他们究竟什么地方做得比我们好，用户到底为什么爱他们。为了准确、全面地找到答案，此时我们就会花钱请一家咨询公司，由他们通过一系列的调查分析，将我们和这些竞争对手进行一对一的对标分析，从而发现差异，并最终采取改进行动。

以电商公司为例，比如每隔一段时间，我们就请咨询公司来帮我们全链条地追踪、调查、比较3~5家竞争对手，从网页设计到寻找商品，然后到下单流程、送货表现，再到退换货政策、客服服务、产品质量等，根据每一个业务节点上双方的实际表现，写出一份完整的分析报告。这个报告会分门别类地列举出我们和竞争对手的所有异同点。比如说，通过对比我们发现，竞争对手在页面展示商品时更喜欢使用图片而非我们更喜欢的文字+用户评论；他们的退换货有效期是3个月而我们是1个月；他们的送货员每次都穿制服而我们的送货员有两次没穿，等等。

其实企业对标分析对我而言并不陌生，因为在加入亚马逊之前，我已经具备将近20年的企业管理经验，再加上七八年的MBA教学和企业咨询的经历，这种分析其实我已经经历过无数轮了。按照我以往的理解，一个"正常的"企业对标分析的基本流程是这样的，分三个步骤：

第一步，什么是竞争对手有而我们恰恰没有的？

第二步，我们怎样才能有？

第三步，我们最终做到了吗？

1.2　亚马逊奇葩的企业对标分析会

记得我以中国区副总裁的身份进入亚马逊后没多久，就正好赶上了一次这样的企业对标分析会。当时按照惯例，亚马逊每个季度都会挑出大概 3~4 家主要的竞争对手，然后聘请外部咨询公司在每个竞争对手的平台上各下 100 单货，接着全程追踪端到端的购物、服务体验：比如，他们的网页设计得是不是更人性化，搜索同样商品的时间是不是比亚马逊更短，同样商品的价格是不是比亚马逊更低，他们的退换货速度是不是比亚马逊更快，他们的实际运输时间是不是比亚马逊更短，等等。把这些结果最终汇总分析之后，咨询公司就会提供一份长达六七十页的报告，根据这份对比报告，亚马逊内部就要开会讨论并制定出每个部门的整改行动。

套路啊，这就是我收到会议邀请时的本能反应。因为我对这个"游戏"早已烂熟于心，于是带着"成熟的"实战经验和"丰富的"理论知识，我吹着口哨就去开会了。可结果却让我大吃一惊！

会议的开始还算正常，各个部门的领导埋头阅读分析报告，然后开始按部门发言，每个部门的领导都要根据报告中指出的各种发现——敌我之间的不同，解释原因然后给出下一步的行动方案。在我看来，这不就是套路的第一步嘛：什么是竞争对手有而我们恰恰没有的？

就在我按照惯有的思维期待着大家顺理成章地进入第二步讨论，也就是**"我们怎样才能有"**时，意外情况出现了，只见亚马逊的高管们用一种我从未想过的思维方式，把讨论引导到了另一个方向：

"嗯……通过上季度的对标分析报告我们可以看出，在网页浏览这个环节我们和×××公司一共有 25 点不同，那么接下来我们来深入地探讨一下，网购的用户真正喜欢的是一种什么样的浏览体验？按照用户的视角，他们更喜欢我们现在的设计还是×××公司的？或者无论是我们的还是竞争对手的，用户其实都不喜欢，那么他们真正想要的是什么？"

好古怪的一家公司啊！他们居然用这种思维方式来看待市场竞争，以这种古怪的逻辑来定义和发起改变和行动，这真是让我倍感惊讶，甚至是觉得十分好笑：因为在一个小时的讨论中，曾经发生过好几次这种情况。经过激烈的争论，最后大家一致同意，我们就是不改！就算×××公司和我们的做法有极大的不同，但从用户的视角来看，我们的设计其实才是最符合用户体验和保护用户利益的。

哦……原来亚马逊的企业对标分析是这样做的：

第一步，什么是竞争对手有而我们恰恰没有的？
第二步，用户要什么？
第三步，我们要怎样为用户创造价值？

每个创始人和每个企业管理者都渴望自己对行业动态、科技创新、竞争对手的一举一动了如指掌，因为只有这样，才能让自己敏锐地捕捉到改变，顺应改变，并最终利用这种改变来设计自己的经营战略、商业模式、管理方法，以期让自己立于不败之地，这就是负责任、有理想的企业家都非常渴望学习新东西的原因。

他们害怕被竞争对手超越，害怕被新的商业模式碾压，害怕被未来的崭新科技所抛弃，因此为了打消内心的恐惧而拼命学习和改变，而不是源于他们内心的坚守和信仰。这就是"伟大（Great）"的企业和"优秀（Good）"的企业本质的区别。

为了惧怕而改变：优秀的企业。

为了信仰而改变：伟大的企业。

"如果最基本的经营战略是基于那些将会改变的事情而制定出来的话，那么你将不得不经常改变你的战略；但如果你始终以满足用户的需求来制定战略的话，那么你永远都不需要改变。"这是杰夫·贝佐斯在2009年接受媒体采访时说过的一段话。这句话清晰地解释了亚马逊——这家正在从"优秀"到"伟大"的道路上一路飞奔的企业最基本的战略逻辑。这也是为何亚马逊会制定出如此古怪和独特的企业对标分析规则的根本原因。

竞争对手会给我们钱吗？当然不会，真正让我们生存发展的人是用户。既然我们都知道这个简单的道理，那么

第1章 从不关注竞争对手的亚马逊

请问：我们为什么要每天挖空心思地去关心那个只会抢我们钱的人，而不去好好地为那个给我们钱的人创造价值呢?！

这就是亚马逊**"从不关心竞争对手，我们只关心能为用户创造什么价值"**的原因所在，因为只有始终面对着用户，而不被其他的所有杂音所干扰——比如竞争对手又玩了什么新花样，市场上又出现了什么新的商业模式，你才能坚定不移地保持初心，始终让公司所有人的注意力都放在用户身上，倾听用户的声音，了解用户的需求，帮助用户解决问题，为用户创造价值。这就是所谓的**永远从用户出发，然后反向开始工作，为用户发明创造**。只有这样做，最终用户才能为你贡献良好的商业回报。

怎么样？亚马逊看起来确实非常不一样吧？读到这里你可能要问了：不关注竞争对手，埋头一路狂奔，这样做难道没有风险吗？另外，亚马逊这种"古怪"的逻辑和思维方式究竟是怎样产生的呢？如果我也想在自己的企业中树立起这种始终以用户为中心的文化和理念，应该怎样做呢？在下一节中，我将和大家更加深入地探讨"用户反向驱动力"的应用层次和价值，从而引出"用户经营飞轮"第一个层次的三种神秘武器——建立机制的三要素：工具，制度，文化和理念。

第2章
"用户反向驱动力"的应用和价值

2.1 永远不关注竞争对手

俗话说得好,出来混迟早是要还的。讲课讲得久了,就难免会碰到被学生"羞辱"的场景。记得有一次在浙江大学 EMBA 中心讲课,听课的是一帮杭州的企业高管,当我讲到亚马逊的企业对标分析这部分内容时,台下的同学们无不频频点头,有的飞快地记着笔记,有的若有所思,就在我满意地环顾四周,为自己优秀的教学效果而洋洋自得时,"车祸"却在不经意间突然发生了:

"张老师,请等等,我觉得您讲得好像有问题!刚开始听的时候我确实觉得亚马逊关于企业对标分析的做法非常高明,真的是体现了极致关注用户的思想,但是当联想到自身的业务困境时,我突然发现,您的这套理论完全就是

第 2 章 "用户反向驱动力"的应用和价值

在胡扯!"

听到这里,教室里不禁一片哗然,气得我板着脸压低了声音反问道:

"请问这位同学,为什么你会得出这个结论呢?可否将你的实际案例分享一下,让大伙一起分析分析,我的这套理论为什么就是胡扯呢?!"

可能是看到我真的有点急了,这位学员赶忙正襟危坐,一五一十地和我们分享了他现在的困扰,这才让我明白为何他觉得不关注竞争对手,只关注用户体验其实一样帮不了他!

原来他是某国有银行信用卡中心的总经理,之所以花钱来听我的课,就是因为他负责的业务现在江河日下,遇到了极大的挑战。道理很简单,因为消费者现在几乎不用信用卡或者贷记卡付款了,每到买单的时候,大家都是直接刷手机,改用支付宝或微信付钱了,所以信用卡的交易频率和交易量断崖式地下跌,这让总行的领导十分恼火,于是给他们这些信用卡中心的总经理下了死命令:必须想出立竿见影的对策,把用户从微信和支付宝那里给抢回来!

"张老师,不是我诋毁您的理论啊,只是我觉得您讲的做法貌似正确,但其实还是帮不了我啊!我们来复盘一下:假设 5 年前,总行请您来给我们上了一课,于是我们改变了经营策略,开始由关注竞争对手转而极致关注用户,也就是说我们不再去和其他银行搞什么促销竞争。100%关注了用户之后，我们发现，用户的付款习惯正在发生着不可逆转的改变——由原来的刷银行卡变成了现在的刷手机和刷脸。"

"请问，就算是发现了这些事实对我们来说又有什么用呢？支付宝和微信又不是我们家的，消费者不愿意再用我们的卡，我们也无能为力啊！所以您的这套理论就算我们5年前就已经知道了，并且践行了，又能改变什么呢？只能让我们更加痛苦，而且是眼睁睁地看着自己被土活埋了却无能为力的感觉。"

我至今都记得当时那位总经理满脸郁闷的表情，全班的学员也都被他的表述逗得哈哈大笑，我一时也呆在了那里：说得对啊！他们就是个发卡的机构，如果用户的行为已经改变了，他们就算是及时、准确、清晰地意识到了这一点，又能怎样呢？难道让他们也从银行变成社交平台（腾讯）和购物网站（阿里巴巴）吗？一时间我也无言以对。

正当对话陷入了僵局时，学员中一位早年曾经在支付宝和蚂蚁金服工作过多年的高管挺身而出，扭转了当时的局面。

2.2 从用户出发，反向驱动企业的变革

"哎，其实现在让你们陷入困境的并不是那些跨界的杀手（微信和支付宝），而是你们自己对用户的傲慢和无视！你如果不信，那就让我来告诉你们真相吧……"

听完这位高管的一番陈述之后,刚才那位表情郁闷的信用卡中心总经理,终于彻底不说话了……

原来早在十几年前,当支付宝刚刚开始推行在线支付这种新颖的付款方式时,曾经遇到了极大的挑战,用户体验也一度非常不理想:支付成功率低,系统反应慢,信息反馈不及时,等等。因为支付和资金流通是被严格监管的,一般的商业机构很难插足其中,别看现在支付宝和微信的在线支付普及率很高,几乎挤压得信用卡业务无法开展,但其实在线支付和资金流通的底层架构——银联,还是被几大国有银行控制着,因此在线支付用户体验的好坏,并不完全是由阿里巴巴和腾讯决定的,尤其是在刚刚开始的阶段。

这下问题就摆在了支付宝的面前:应该如何改进在线支付的用户体验呢?尤其是那些非自身因素造成的问题。于是他们就主动出击,联系了国内几乎所有的银行和信用卡管理机构,想要和他们合作,共同打造出让用户真正满意的在线支付产品,同时也给银行和自己创造出新的商业产品和利润增长点。

可是结果却不尽如人意,因为在当时的环境下,银行根本没有任何的动力和紧迫感去跟阿里巴巴合作:发卡都来不及呢,谁还有闲工夫去和一家商业机构谈什么用手机在线支付?支付宝好不好用跟我有什么关系啊?再说,竞争对手也没有搞这些花里胡哨的东西啊,别人都不做,我们为什么要去白费力气呢?还不如把人力、物力都集中在营销活动上，多搞一些申请新卡送大米、送现金的服务，效果岂不是更加立竿见影吗？于是乎就安于现状，直到自己被微信和支付宝抢占了市场

所以现在大家都明白了吧，这就是在进入"用户经营飞轮"之前，我要花两章的篇幅，如此详细、深入地解释"用户反向驱动力"这个概念的原因。关注用户，真的需要掌握正确的方法和理念，因为这种力量在企业当中的应用及产生的价值是分成多个层次的，如果你的理解不到位，或者运用的方法不得当，那会浪费这个武器的真正价值。

2.3 用户反向驱动力的应用层次和价值

概括来讲，用户反向驱动力有以下四个应用层次：

"用户反向驱动力"的应用层次

- 浅层次的应用：客户服务
- 中度的应用：产品设计/市场营销
- 重度的应用：业务流程/战略/商业模式
- 极致的应用：文化价值观

浅层次的应用多体现在客户服务上：倾听用户的声音，解决用户的问题，把错的事情改正，让用户满意。

更进一步的应用是中度的应用，着力于产品设计和市场营销：按照用户的需求设计和改进产品及开展市场营销

活动，解决痛点；满足需求点；制造痒点，让用户活跃度和黏着度增强。

再往企业内部深入的推进则叫作重度的应用：以用户体验为出发点，反向决定企业的发展和经营战略；指导商业模式创新；进行业务流程再造。

极致的应用则必须触及企业的根基：价值观和文化。说到底，企业是由人组成的，任何伟大的目标缺少了"思想正确""能力出众""充满激情"的员工，都只能是天方夜谭。

最后，让我用杰夫·贝佐斯的一句话作为本节的总结："我最爱用户的一点，就是他们神圣的永不满足。他们的期望从来都不是静止的，而是一直在提升的，因为人性使然。"而要想真正地把这种不断提升的用户期望由压力变成一股驱动企业发展的动力——也就是我所说的"反向驱动力"，或者换一种说法：如何让自己的企业从"用户经营飞轮"的第一层上升到第二层，真正实现由良好的意愿到企业能力的一种飞跃，那么后面的内容你就必须要认真读了。

因为关心用户，以用户为中心，这几乎是所有企业都具备的一种良好的意愿，但以我的观察和研究，世界上真正能坚持不懈地做到这一点的组织却凤毛麟角，原因其实非常简单，那就是：

只有良好的意愿是没有用的，建立机制才有用！

那么这种"机制"到底是什么样的呢？我们又该如何打造好"机制"这种有力的武器呢？请接着往下读。

第二部分

"用户经营飞轮"的第一个层次：组织赋能

第 3 章
亚马逊的用户反向驱动机制到底是什么样的

3.1　接听用户电话：神奇的"按灯"

在第 2 章中我给大家完整地分享了"用户反向驱动力"的概念，想必大家还记得亚马逊那古怪和独特的企业对标分析法吧？

我们从不关注竞争对手，只专注于为用户创造价值。

从用户出发，然后反向工作，为用户发明创造。

以上这两条准则就是亚马逊痴迷于用户的基本思维方式。正所谓知易行难。口号和大道理谁都会讲，但到了关键的时刻，到底是用户体验重要，还是眼前的利润重要，很多企业做出的实际行动那可就南辕北辙了。究其原因，就是我在前文中提到的：因为他们只有良好的意愿，但却缺乏可操作的机制。

那么亚马逊始终痴迷于用户的机制到底长什么样呢？他们是怎样一步步建立起这套扎实的机制的呢？除了亚马逊，还有没有其他的公司也在使用这套机制呢？他们的经验教训又是什么呢？下面，我们就系统、深入地探讨一下这些问题。

首先我要结合自己的亲身经历，来和大家聊聊神奇的亚马逊"用户反向驱动机制"是一种什么样的存在。记得那是我在亚马逊上班后的第三个星期，按照公司的规定，我去位于成都的客服中心参加"用户连接"（Customer Connection，简称CZ）的培训（按照亚马逊的惯例，每位进入公司的管理人员必须在半年内主动去客服中心参加为期一整天的培训，包括接听用户电话、和客服人员沟通以了解用户的声音、认领任务回到工作岗位后做旨在提升用户体验的项目等）。

当时我坐在一个参加工作刚3个月的小姑娘旁边旁听了两个多小时的客服电话，其中的一个用户投诉电话以及电话结束后所发生的一系列事件，给我留下了相当深刻的印象，而正是这些每天都在普通员工身边发生的真实的"小事"，让我第一次对所谓的"机制"，有了深刻的认知。

用户的投诉其实非常简单：买了一本柴静的《看见》，收到后才发现其中的第100页和101页连在一起，没有裁剪开，于是她打电话来投诉。这位接听电话的客服人员服务态度非常好，她一边问了用户的信息（订单号、产品名称、对问题的详细描述），一边及时安抚用户，同时迅速承诺：

（1）原书不用退了。

（2）立刻免费补寄一本新书，新书发出前一定会让物流中心认真检查，保证不会再有同样的问题。

（3）送用户一张价值10元的礼品卡以示歉意。

（4）邀请用户参加当时正在举行的一个促销活动，享受特殊折扣。

……

整个通话可能持续了三四分钟，用户最后非常满意。

旁听完整个对话后，我对这位客服人员的专业素养和以客为尊的服务态度非常欣赏，正当我想要拍着小姑娘的肩膀，像个大领导那样鼓励她几句时，这个小姑娘接下来的几个小动作却彻底让我惊呆了。

只见她挂断电话后，熟练地点击了商品页面上方的一个按钮，然后出现了一个对话框，在输入了一行字之后（100页和101页未裁剪开），奇迹就发生了。

只见这本月销售额高达百万元的热销图书，就被这个月薪只有3000元、上班只有3个月的一线客服代表，未经任何请示和批准给瞬间下架了！

我疑惑不解地问她："你刚才在干什么？为什么这本书不能卖了呢?!"

"哦，因为我刚才查了后台数据库，发现在这本书的用户投诉记录中关于这个问题（100 页和 101 页未裁剪开）已经有两个以上的用户投诉了，所以按规定我把它'按灯'了，有问题吗？"

一本卖得这么火的书不用找领导审批，就按一下按钮、输一行小字就把它下架了！？一个基层的客服代表居然有这么大的权力？！

我从事了十几年的客户服务管理工作了，可像这么离谱的规定还是头一次见。

带着满脑袋的问号我找来了客服中心的总经理（我的直接下属）进行确认，结果才知道这不但是真的而且规定的提出者就是亚马逊的创始人杰夫·贝佐斯，当年他就是像我这样坐在一名北美客服人员身边听电话，结果发现有大量的用户因为同样的问题反复投诉而始终得不到快速解决，而且一线员工明知这是批量性、重复出现的问题却无能为力，最后只好眼睁睁地看着一个又一个用户，被这些明明内部都知道，但始终无法解决的问题而一遍遍地伤害。

正是以上经历，让贝佐斯力主上线"按灯"这个工具，赋予一线员工下架商品的权力。

这真是一家疯狂的公司啊！我做了快 20 年的企业管理了，还从来没见一个公司敢这么搞的，亚马逊确实厉害！

3.2 "你这是彻头彻尾的官僚主义!"

可短暂的惊喜和钦佩过后,我的心里不禁升起了极大的担忧:难道亚马逊真的就不顾及成本吗?万一客服人员骗我们怎么办?万一用户骗我们怎么办?万一客服人员和用户合起伙来骗我们怎么办?以上风险该如何控制呢?

很快我的这种担忧就变成了现实:为了考核一线员工"按灯"的质量,亚马逊特别对客服部门的管理层设立了一个指标:不良"按灯"率不能超过2%。

也就是说如果员工按了100个灯,那么经过工单彻查后,不能有超过两个的错误"按灯",而且这个数字每周都要向位于西雅图的全球营运副总裁汇报。

记得那是在我加入公司的第三个月,亚马逊中国区的这个指标就不幸飘红了:原来随着业务量的增加,有一段时间客服部门招收了大量的新员工,由于培训质量没有控制好,造成一些新员工对"按灯"流程不熟,结果产生了大量的错误"按灯",以至于有一个星期的不良"按灯"率达到了3%——超标了!

一看到指标变红,我马上凭着过去20年所积攒起来的"丰富"的运营管理经验,雷厉风行地要求团队调查原因,然后立刻采取了以下的"有效"行动:

(1)彻底修改"按灯"的流程,增加逐层递进的审批步骤：从下周起任何超过两个商品的"按灯"下架都必须经过组长审批，5个以上的要经理审批，20个以上的要总经理审批……以此类推直到我（VP）这一层。

（2）周末务必通知到每个人。

（3）从下周一起严厉处罚不执行新规定的个人，发现一个查处一个，决不姑息。

做完这一切之后我才稍感心安，于是放心大胆地去参加全球运营高级副总裁的周例会去了。可结果呢？我被劈头盖脸地训了一顿，接下来就让我为大家还原一下当时的场景。

当我报告完上周不良"按灯"率超标的实际数字之后，立刻话锋一转，主动向老板汇报我是如何快速反应，坚决果断地采取行动的，目前局面已经得到了扭转，一切形势都已在我的掌控之中……

全套动作大概花了5分钟的时间，讲完之后我停了一下，满心欢喜地期待着老板能给我几句肯定的话（按照我20多年的职场经验，这样做是不会有问题的）。可是结果却大大超出我的意料。我的话音刚落，那个我一辈子都忘不了的法国人——亚马逊全球运营高级副总裁，就操着带有浓重法语口音的英文把我一顿狠批：

"Peter，你这是彻头彻尾的官僚主义！难道你真的相信，那些坐在办公室里吹着空调、喝着咖啡的经理，会比那个正在和客户通着电话、聊着家常的员工更了解发生了什么吗？难道你真的相信，那些每天看着报表、听着报告的管理人员，会比那个正在听着用户的咆哮和投诉的客服代表，更知道该怎么帮助我们的用户吗?!为什么你要把'按灯'的流程搞得如此复杂，以至于让我们的一线员工无法最快速、最有效地帮助我们的用户?!

"如果是培训的问题，那我们就解决培训的问题；

"如果是人的问题，那我们就解决人的问题；

"如果是系统的问题，那我们就解决系统的问题！

"可是我不明白，你为什么要用官僚主义的做法（增加审批流程），阻止我们的员工去做他们认为对用户有价值的事情呢？"

……

在一场电话两端坐满了全球高级副总裁和中国区营运副总裁的会议中，我就这样被老板劈头盖脸地批评了近半个小时……

那天的电话会议结束后，当我一个人落寞地走出会议室时，我的背后及腋下的衣服全部都湿透了——因为惊吓和羞辱。但与此同时，我的心中却排山倒海般地响起了这样的声音：

"这家公司是来真的！因为他们有看得见摸得着、扎扎实实的机制！"

看完如此精彩的故事之后，我想大家一定都迫不及待地想知道：亚马逊的这套机制到底是如何建立起来的呢？请看后面的内容。

要素1：工具

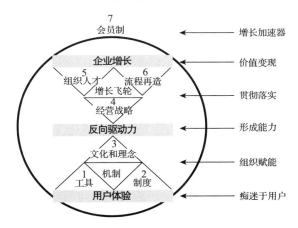

系统化的工具有两大价值：

（1）让用户远离可以预见到的伤害。

（2）解决流程层面的问题，从根本上预防此类问题再次发生。

第 4 章
要素 1：工具

4.1 从丰田的"按灯"到亚马逊的系统化工具

前文我用自己初进亚马逊的亲身经历，给大家勾勒出了亚马逊无比"凶猛"且实用的用户反向驱动机制的轮廓，如果你发自内心地认可这就是一家真正痴迷于用户，一切以用户为中心的公司的样子，而且迫不及待地想要在自己的企业进行应用的话，那么接下来我就开始带着大家一起，学习如何通过"用户经营飞轮"的要素，来打造出一套机制，为你的企业赋能。

4.1.1 "按灯"的由来及背后的逻辑

本节就让我们先从以下三个方面来详细了解一下第一个要素：系统化的工具——"按灯"。

(1) 什么是"按灯"?
(2) 亚马逊为什么要用"按灯"?
(3) "按灯"的价值和深远意义。

"按灯"是一个日语单词的音译,意思为"灯""灯笼"。"按灯"系统原指企业用分布于车间各处的灯光和声音报警系统收集生产线上有关设备和质量等信息的信息管理工具。这套工具最早起源于日本的丰田汽车公司,主要用于实现车间现场的**目视管理**。在一个"按灯"系统中,每个设备或工作站都装配有呼叫灯,如果在生产过程中发现问题,操作员(**一线员工**)会将灯打开引起注意,使得生产过程中的问题得到及时处理,**避免**生产过程的中断或降低问题**重复发生**的可能性。

在这段解释中我特别标示出了几个关键词:目视管理,一线员工,避免,重复发生。因为这几个词,就是"按灯"在解决用户问题,帮助企业真正建立起"从用户出发,然后反向工作"的机制的核心,而且具有不可替代的作用和

第4章 要素1：工具

价值。

以往讲课时，每次讲到这里，都会有不服气的企业高管们问我："Peter 老师，你把亚马逊说得太好了吧？虽说我们的企业现在没有搞'按灯'这种工具，但这并不代表我们就不关心用户，一线员工就不会帮用户解决问题呀！其实我们内部也有相应的流程让接触用户的基层员工及时反映问题，然后后台部门马上跟进解决。比如我们有'升级通道'、每周例会、各种报告、满意度调查等，由此可见，不搞'按灯'其实一样能解决问题！"

说得好像也挺有道理的，可实际情况真的像这位高管自己说的那样吗？记得有一次我给一家央企做辅导，就被总经理在课堂上如此这番说了一顿，于是我当场和他们打了一个赌：给我半天时间，在没有集团领导参与的情况下，让我和以下三种员工分别进行深度访谈，然后根据他们真实的反馈，来决定胜负：如果我输了，我一分钱讲课费也不要！

（1）一线员工。直接面对用户的员工，比如客服、门店销售、快递员、银行柜员等。

（2）基层员工。后台支持部门的员工，比如IT、品控、HR、财务等。

（3）中层员工。管理一线运营团队，但进入决策层的员工：比如组长、部门经理、项目组长等。

半天过后，当我把访谈的总结报告以及部分对话录音（当然是经过艺术加工以及匿名的）拿给那位总经理及公司的高管团队时，大家都惊呆了：原来那些在他们心目中高效、顺畅、有价值的问题反馈和解决流程，其实在员工尤其是一线员工的眼里根本就是一堆无用的东西。

客服代表A："把问题反馈给组长，组长又反馈给经理，经理再反馈给总监，总监再反馈给副总……可一个月过去了，那么明显的价格错误的页面还好好地放在那里，哎，我真想自己上去把它给改了，可惜我没有权限啊！"

快递员B："这个商品的包装盒太薄了，一碰就破，我们都给组长反映过好多次了，可公司就是不改，最后一问组长才知道，品控部和负责产品研发的人说我们提供的数据不精准，分析不透彻。被我们逼得急了，他们还倒打一耙，向总经理投诉说我们一贯小题大做，动不动就将一堆鸡毛蒜皮的'小事'反馈给他们，结果害得他们都没时间专心搞研发。更可气的是，还特别举出去年我的一个错误反馈，硬说他们为了我的这个错误而白白浪费了一个星期的时间去做调查，最后害得我那个月的奖金都泡汤了。唉，以后我再也不反馈这种问题了。"

品控部经理C："唉，其实我们也是一肚子苦水啊，谁不知道让用户满意很重要，我们也不是不想帮助一线的员工解决问题，可是如果无私地帮助了他们，我们就麻烦了：第一，承认了用户的投诉就意味着我们的工作出了问题,那上级领导骂我们怎么办?第二,接受了一线员工的反馈就意味着我们又多出了许多额外的工作量,这些活让谁去干?现有的任务都已经快把我们压垮了,谁还愿意再多事呢?所以我们就只好把一线员工反馈的用户投诉当球踢了……"

企业的各位管理者们,请问这些现象,目前是不是在你们的企业中正广泛地存在着?是一线员工错了吗?是基层的管理人员错了吗?是支持部门太过官僚吗?其实都不是。究其根源,就是因为你们缺乏用户经营飞轮的第一个要素:系统化的工具。

4.1.2 亚马逊上线"按灯"的原因

那么亚马逊为什么一定要引进"按灯"这种来自于传统制造业的管理方法,来作为"从用户出发,然后反向工作"的工具呢?这都是因为他们那个特立独行而又固执的老板。

管理层定期去客服中心听电话——这是亚马逊的创始人杰夫·贝佐斯提出的,而且他自己每年都身体力行。十几年前的一天,他去北美的客服中心,坐在一位名叫 Peggy 的基层客服代表身边听电话,结果发现了一个让他无比恼怒的用户投诉,而正是这次不愉快的亲身经历,让亚马逊"发明了"客服"按灯"这个系统化的工具。

那是一个关于家具破损的投诉：用户第一次收到桌子时，桌子就被摔坏了，打电话到客服中心投诉，然后问题被 Peggy 迅速解决了——道歉、换货、赔偿……可没过一个星期，当用户收到更换的新家具时，居然又是坏的，而更加诡异的是，这次居然又是 Peggy 接听的电话，只不过这一次她的身边多了个人：杰夫·贝佐斯。

道歉、换货、更高金额的赔偿……当用户好不容易被安抚好，最后无奈地接受亚马逊的解决方案后，Peggy 挂断电话，郁闷地对贝佐斯说：

"其实没什么用，我相信下一周当这个用户收到新的桌子时，它一定还是破的，哎……"

"为什么？"贝佐斯满脸疑惑地问道。

"有两个原因：第一是这个家具的包装箱非常薄，在城市里运输时还好，可这个用户居住在山区，长途颠簸就导致破损的概率大幅增加。第二是最近这个区域的运输商好像更换了，不知道是他们的车辆状况不好，还是因为野蛮装卸，总之他们家的破损投诉特别多。两个因素加在一起，就造成了现在这个问题。"

"那你为什么不向组长反映，让公司彻底解决这个问题呢？"贝佐斯压着火继续问道。

"早就反映了，从组长到经理，然后是物流和运输商管理部门，可是问题依然存在。我不知道是因为改进流程太漫长，还是因为其他的部门不愿意处理，总之我看到的是：

一个接一个的用户被同样的而且是重复出现的问题所伤害，可我们这些一线的员工却只能眼睁睁地看着这一幕发生却无能为力，唉……"

在一家墙上贴满了"做地球上最以用户为中心的公司"标语的公司中，居然所有的一线服务人员就这么眼睁睁地看着用户被蹂躏却无能为力！这让贝佐斯瞬间就暴跳如雷，然后很快他就不顾成本的压力以及前端销售部门的反对，力主上线了"按灯"这个工具，信任并授权给一线员工，不管某件商品的价值多大，能卖出多少，对公司多么重要，只要有问题或者符合"按灯"的规定，就立刻下架，然后系统随之自动生成整改工单并发给相应的责任部门进行调查，一追到底，直到问题得到彻底解决，工单关闭，这件商品才能再次上架销售。

4.1.3 "按灯"的目的和价值

那么如何才能让基层员工真正关注用户，心甘情愿地帮用户解决问题呢？其实一点都不复杂，你只要解决好以下两个问题就行了：

（1）这样做费不费力？

（2）这样做有没有好处？

按一下按钮，写一行小字，然后就等着拿奖金、被老板表扬。你说这样轻松的好差事你愿不愿意干？这就是为何我要反复强调：无论你的意愿多么美好，无论你的决心多么坚定，只要员工觉得太麻烦或者没好处，那么你的意愿和决心就只能是纸上谈兵，没有实现的可能。

怎么样？这下大家都相信机制的建立必须要靠像"按灯"这种系统化的工具才能实现了吧？如果你此时已经按捺不住内心的激动，想要撸起袖子大干一场，那我不得不给你先泼一盆冷水，"按灯"其实远不像看起来那么简单，这里面还有好多的规则、管理方法和经验教训需要搞清楚。在下节中，我会以一家经营生鲜食品的互联网公司作为实际的案例，来和大家详细聊聊这里面的各种讲究吧。

4.2 "按灯"在每日优鲜的应用

4.2.1 不能实行"按灯"的各种"完美"借口

俗话说得好：知易行难。"按灯"的流程、方法和背后的逻辑其实并不难理解，但如果要想真正地将其落地，其实并不容易。根据多年来我在企业推行这套理论时的实际观察，其最大的阻力来源于：

（1）推行前，高层的决心是否坚定？

（2）推行中，遇到具体问题（短期的商业损失、对各部门现有业务流程的冲击、个别一线人员的违规行为……）时相关管理层是否会退缩甚至完全放弃？

第 4 章 要素 1：工具

如果真的能够挺过这两关，让"按灯"在你的企业扎扎实实地施行下去，那么你很快就会发现：其实类似"按灯"这种用于反向驱动企业进行变革的系统化工具绝对不是只会浪费钱的奢侈品，而是能够给你创造卓越的用户体验，从而最终成为能为你贡献丰厚的商业回报的利器！接下来就让我们来看一个实际的案例。

一个不用高大上的 IT 系统就能搞定的简易版"按灯"——每日优鲜。

数年前，我在亚马逊的一位老下属跳槽去了每日优鲜——一家专营生鲜食品的电商公司，负责其客服运营、品质控制、用户体验的提升。生鲜食品对安全性、保质期、品质控制、用户体验（口感/品相/新鲜度……）等要求都非常严苛，这就需要公司上下——尤其是和用户直接接触的部门——一定要建立起一套快速、高效、彻底的反应机制。

（1）快速：发现问题立刻在一线解决，不要让问题重复和扩大化。

（2）高效：减少反馈和审批层次，提高一次性问题解决率。

（3）彻底：一定要在源头上解决流程层面的问题。

就是遵循着这种思路，我的这位老同事上任伊始，就开始梳理每日优鲜关于用户投诉的处理流程，结果发现：

现有的反馈流程非常复杂和缓慢；问题的解决质量处于浅层次；前台部门与后台部门的沟通脱节，不少困扰用户许久的问题在内部讨论了多轮却始终得不到解决……这些管理方面的积弊存在的时间一长，最终就造成员工（尤其是一线员工）反馈用户问题的意愿、帮助用户解决问题的行为习惯慢慢变差。如果有一天员工都不关心用户了，那么"以客为尊"的宏伟目标又怎么能实现呢？

必须改！于是这位高管决定将亚马逊的"按灯"工具引入每日优鲜，可是和相关责任部门沟通了一轮之后，结论却是"没办法推行"，而且原因还非常"客观、充分、合情合理"。

原来当时 IT 部门正忙于改进订单系统，好尽可能多地处理逐日激增的业务量，钱都赚不过来，哪有闲工夫再安排专人开发这个费钱费力还不讨好的工具呢？因此根据他们目前工作重要性的排序，这种用户体验工具估计要排到明年才能考虑了。

此外销售部门坚决反对，因为从统计学的角度来看，平台每天都要卖出数以万计的商品，哪有两三个用户投诉一件商品就不经请示将其直接下架的道理？这种做法会对销量造成多大的冲击有人仔细评估过吗？会对公司的股价造成何种负面的影响有人计算过吗？会让销售人员少拿多少奖金有人计算过吗？

4.2.2 上线流程：发现问题—采取行动—报告/沟通

好在我这位老下属韧性足够强，在各处碰了一鼻子灰之后，反而激起了她誓将"按灯"进行到底的斗志！于是经过一番死缠烂打，最后她成功地说服了公司的创始人，同意用一种简化的方式，在公司中推行客服"按灯"。

所谓的简化的方式，是指和亚马逊的方式相比，有以下三个改变：

（1）用纯人工而非 IT 系统的方式，完成客服代表"按灯"，即问题收集汇总—下架商品—生成工单—追踪并彻底解决问题—商品再次上架销售的整个流程。

（2）将"按灯"与"商品下架"的动作分开进行：一线员工负责"按灯"，而商品下架交由专人负责，以期控制风险和平衡商业损失。

（3）"按灯"的标准由亚马逊的"同一个 ASIN（亚马逊最基本的货品单位）因为同样的问题被两个以上的用户重复性投诉"修改为："客服代表问自己，这个问题会不会被当前下单的用户遇到？"如果答案是肯定的，就启动"按灯"。

接下来就让我用业务流程图的方式，向大家展示一下每日优鲜的这种简化的"按灯"三部曲是什么样的。

第一步：发现问题。

请大家注意看下图中的画圈处,那是客服管理组给每个员工发的小贴纸。按每日优鲜的"按灯"规则,只要一线客服代表在日常与用户的沟通中发现了符合"按灯"的问题(针对同一种商品/同一个问题收到用户重复性的投诉),就立刻将问题和商品编号写在一张小贴纸上,然后贴在办公桌的背板上,就大功告成了。

第二步:采取行动(汇总问题+下架商品)。

每隔一段时间,客服经理会安排专人收集小贴纸,然后分门别类地将其贴在客服中心醒目的位置(类似丰田汽车"精益化管理"中的"看板"),最后根据汇总结果由专人在系统后台统一下架商品,并生成工单发给责任部门限期整改,直到问题被根本解决后此商品才能再次上架销售。

第三步：报告/沟通。

沟通必须形成闭环，否则就会伤害员工反映问题的积极性，而且不利于追踪责任部门的整改进度和质量。视觉化就是最好的一种沟通方法，因为员工可以清晰地看到自己所反映的用户体验方面的问题是如何一步步被解决，并最终变成"贡献榜"上的奖励的。

办公桌上的小贴纸—"看板"上的分类汇总—公司网站上被下架的商品—"贡献榜"—管理组用于统计和追踪"按灯"表现的 Excel 表格和问题解决工单，整个过程清晰、透明、可追踪，这样员工们会发自内心地相信：这是一家真的随时把用户放在心里的公司，因为这一切我都看得见摸得着！

4.2.3 上线"按灯"之后的改变

每日优鲜的简化版"按灯"还不错吧？当然，如果你们公司的IT部门没那么忙，那我还是建议你们尽量利用IT系统来开发"按灯"工具。因为人为的追踪毕竟存在效率和效能的问题，而且管理成本相对较高。更加关键的是，其实"按灯"最大的价值并不只是授权一线员工快速解决用户的问题，而是形成一种反向驱动的力量，拉着整个公司向着用户的方向转身，而不是以内部的视角，麻木地打着官腔面对一线员工的反馈。

举个最简单的例子，比如用户重复投诉编号为ABC的这款苹果总是有蛀虫，在没有"按灯"工具之前，当这种问题发生时，最痛苦的是一线客服人员而非公司内部应该对这个问题负责的责任方——采购部、品控部或者仓储物流部门。

因为他们不用面对用户，所以他们不会痛，也不着急。就算客服部门将此问题反馈给了他们，但要不要解决、何时解决、如何解决,这些居然还要再看责任部门的脸色。因为客服部门说了不算,于是一种责任倒置的情况就开始广泛地在公司中出现了:

内部责任部门捅了篓子然后躲到一边去了,让客服部门每天被用户骂。骂就骂吧,反正客服就是用来解决问题的,可令人气愤的是,当客服部门代表用户去质疑和要求内部责任部门整改时,居然还要低三下四地去求他们,否则根本没人理你。

为什么犯了错的人还能如此心安理得呢?是因为他们的思想觉悟不够高?还是对公司的愿景理解不够深?还是文化水平太低今后应该加强学习?其实都不是。究其根源,无外乎以下两点:

(1)内部职能部门的 KPI 考核指标中缺乏与用户体验直接相关的内容。

(2)在个案和业务流程层面,缺乏反向驱动的工具。

"按灯"工具上线之后,在人的行为习惯方面,一个最明显的改变是:惹祸的人着急、害怕了,处理用户投诉的一线人员腰杆变硬了。为了更好地说明这一点,让我拿一个具体的例子来解释说明:比如促销活动上线后,不少用户打电话来投诉"促销活动的规则说明不清晰,容易误导消费者,希望对其中的第一、三、五项做进一步的详细说明,最好还能举例说明……"

接下来会发生什么呢？请看下表：

	有"按灯"工具	没有"按灯"工具
客服代表	立刻"按灯"，对促销活动喊停，并由系统自动生成工单通知责任部门	写邮件/打电话/逐级反映问题
市场销售部	马上查看用户投诉内容，并立即修改促销规则说明，和客服部门确认所有用户投诉问题都已妥善解决，然后关闭工单恢复促销活动	开会/研究/收集数据/思考/分析/对比/建模/比较/借鉴/学习……就是不改正错误
责任部门行为背后的原因	客服已经把促销下线，所以要立刻解决问题恢复促销，否则促销一停就没有销售额，没有销售额就完不成KPI指标	反正客服部门不能把促销活动下线，所以我能拖多久就拖多久，这样KPI就不会受影响

这下大家终于明白了吧？这也就是为何我要反复强调：只有良好的意愿没用，要想让公司中所有的人都能真正地向着用户转身，积极主动地为用户解决问题，那么就必须建立扎实的机制，这其中首要的因素，就是使用"按灯"这样的系统化的工具。

4.3 "按灯"真的适合我们的企业吗

上文介绍了每日优鲜的简化版"按灯"工具，同时还举了日常经营中经常会碰到的实际案例，来对比说明有"按灯"工具和没有"按灯"工具，内部人员行为习惯上巨大的反差，由此可见，"按灯"这种系统化工具的力量还是非常强大的。

4.3.1 "按灯"的适用性：来自一位高管的现场质疑

"按灯"在亚马逊和每日优鲜是落地成功了，但这种看着颇为不靠谱，而且风险极大的工具是不是适合其他的企业呢？如果某些企业的业务形态和电商行业不太一样，那么这套方法还有借鉴的价值和意义吗？

答案当然是肯定的！因为接下来我就要用一家公司的实际案例，从以下两个方面，来详细进行解释和说明：

（1）"按灯"具有广泛的适用性和应用价值。

（2）在执行中需要建立完善的管理指标加以监控。

这个案例发生在腾讯投资的一家金融服务公司。为了保证投资企业的良性运转，腾讯每年都会对其投资的公司进行全方位的测评，然后根据测评中发现的问题及时为企业推荐相应的专家进行辅导，而我当时就是作为用户经营/用户体验提升方面的专家在和腾讯进行合作：讲课/辅导/提供咨询服务。

记得那是一整天的分享，讲述"用户经营飞轮"的整套方法。当时这家公司几乎所有的高管（包括创始人）悉数到场。当课程进行到"按灯"这个环节时，公司销售支持部的一位高管提出了质疑，认为这种工具只适用于像亚

马逊这样的高频、低价、选品众多的零售行业,适用范围很狭窄:

"Peter 老师,像我们这种做金融服务的企业肯定没办法用这种工具,把我们公司所有的理财产品全部加到一起,不管是 To B(企业客户)还是 To C(个人用户)的,也就二三十个,如果真上了亚马逊的这套方法,授权 700 多个一线理财顾问(其内部对销售人员的称呼)发现问题就直接下架,估计用不了半个小时公司就没东西可卖了,那我们不就关门了吗?不靠谱,太不靠谱了!"

他说的这些没错,亚马逊的平台上有三四亿种商品,客服代表却不过十几万人,就算是放开了让他们使劲"按灯",把所有商品都下架那也要好长一阵子啊!一时间我也陷入了沉思。

4.3.2 什么可以被"按灯"

这时,只见一位坐在角落里的先生(To B 端的销售副总裁)站起来说道:

"我不同意你的观点,其实我觉得咱们公司缺乏的恰恰就是像'按灯'这种可以立刻减少对用户的伤害,同时倒逼内部责任部门进行深入整改的反向驱动的好工具!只要对规则稍加调整,那绝对可以帮助我们成为行业领先的'以用户为中心'的伟大公司!"

"为什么你如此看好'按灯'这个工具呢?该如何修

改规则呢？"公司创始人好奇地问道。

"这样吧，让我给你们讲一个现在正在发生，而且已经折磨了我快两个月却一直得不到圆满解决的真实案例吧。几周前我的理财顾问在定期拜访一个大客户时，被对方财务部门的负责人质疑，他们怀疑我们提供的 30 天/60 天/90 天年化收益率数字不准确，因为和他们自己计算的结果不符，要求我们立刻核查并整改。

"于是我的理财顾问回来后就立刻将这件事反馈到'销售支持部'（因为按照公司的规定，所有提供给客户的财务报告都需要由该部门制作和审核），经过仔细核查并与客户财务部的计算公式反复交叉对比之后才发现：我们以前提供给客户的数字确实有问题。之所以之前一直没有被发现，是因为我们原来的业务形态主要是针对 C 端客户，因为金额小，所以误差基本不会被客户感知到。但是随着几年前公司战略的转变，现在 B 端的客户开始越来越多，由于他们购买的金额巨大，所以一经放大，误差就被暴露了出来。于是问题就来了：要不要改？何时改？

"我原本以为这是个极其简单的问题：既然已经确认是我们的问题，那就改呗！可是经历了过去两个月的艰难历程之后我才发现，我的想法还是太天真了，这就是为何刚才 Peter 老师讲到'按灯'这个工具时，我如此激动，因为如果两个月前问题刚刚暴露出来时咱们能有这个工具，那我的理财顾问哪里还需要去受那么多的气啊？！"

为了更加直观、形象地描述完整的问题处理流程，我事后特别制作了下面这个图：

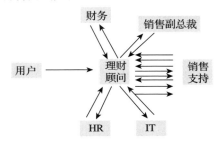

第一步：理财顾问将问题反馈到销售支持部。

第二步：销售支持部调查研究了一个星期，得出结论：我们错了。

第三步：销售支持部通知理财顾问：请自行去和 To C 端的销售副总裁达成共识（因为报告一改也会影响到他们，必须两个部门联动），这样又一个星期过去了。

第四步：To C 端的销售副总裁终于同意改，将信息反馈给销售支持部。

第五步：销售支持部要求理财顾问自行去和 IT 部门达成共识，因为需要 IT 部门修改系统计算逻辑和数据抓取路径，这需要额外的工作量。这样又一个星期过去了。

第六步：IT 部门终于同意改，将信息反馈给销售支持部。

第七步：销售支持部要求理财顾问自行去和 HR 部门

达成共识，因为改变数据可能对年底相关人员的绩效考评产生影响，但是 KPI 指标可是年前就制定好了。

第八步：财务部……

第九步：法务部……

……

第 N 步：请参照第三步到第六步重复进行……

到我去给他们讲课时，该事件已经发生整整两个月了，可问题还没得到解决，也就是说那份有问题的年化收益率报告还在源源不断地发到客户手中，给整个公司埋下巨大的用户体验、品牌甚至是法律诉讼的炸弹。

听完这个正发生在大家身边的真实的案例之后，会议室里顿时变得鸦雀无声，沉默了一阵之后，那位为我"助攻"的销售副总裁接着说道：

"我想现在大伙应该不会再说'按灯'没用了吧？试想一下，如果两个月前，当问题刚刚暴露出来时，一线的理财顾问可以立刻'按灯'下线这份错误的年化收益率的报告，接着生成工单发给销售支持部立刻整改，同时在'按灯'管理报表中时时监控工单解决进度，再加上 KPI 考核指标的改进（销售支持部的绩效考评与年化率报告的准确性和及时性挂钩），那么这个问题的解决就会变得易如反掌。"

总结得真是太到位了！这堂课不只是在他们公司引起

了很大的反响，就是对我这个讲授者而言，都启发颇大，因为这让我又一次重新思考了"按灯"的价值和意义。

原来除了可以售卖的"商品"，其实更加适合"按灯"的还有以下这些：

（1）业务流程（极不人性化的柜台业务办理手续/下单付款步骤/酒店入住和退房的程序等）。

（2）内部支持产品（年化收益率报告/运营数据/技能培训等）。

（3）政策/规定（退换货政策/客服代表上岗考核及评级标准等）。

只要和用户体验相关，而且实施"按灯"后能真正实现以下两个核心价值目的，那么就都应该纳入"按灯"的范围：

（1）让用户远离可以预见到的伤害。

（2）反向驱动内部整改，解决流程层面的问题，从根本上预防此类问题再次发生。

正所谓教学相长，经过这些年在企业中推行"用户经营飞轮"的实际体会，我真切地感受到，"按灯"真的是一个看似原理非常简单，但却适用性极强，效果和价值都非常显著的好工具。一经落地，就能很快在员工行为的改变上产生立竿见影的正面影响。

4.3.3 如何管理"按灯"

既然是"工具",那么就一定需要管理、维护和价值升级,下面这张图就是我的一些总结和建议。

怎样管理"按灯"	
管理质量	不良按灯率
管理效率	1."按灯"处理时长 2. 长尾管理
管理效能	1. 主动"按灯"和被动"按灯" 2. 软"按灯"和硬"按灯" 3. 自动"按灯"和人工"按灯"

1. 管理质量

不良"按灯"率:"按灯"是无法保证100%准确的,因此需要管理层监控"按灯"的质量,其计算公式如下:

不良"按灯"率 = 错误"按灯"数/当季(周/月/年)"按灯"总数

注意:这个指标的责任人应该是部门管理者而非员工,因为一旦把这个指标压在一线员工头上,那么客服代表会因为害怕犯错误而放弃反映问题,以及帮助用户解决问题,这就违背了"按灯"的初衷。

2. 管理效率

(1)"按灯"处理时长:"按灯"后生成的工单必须在

限定时间内由责任部门关闭（通过改进现有流程的方法彻底解决根源性的问题）。

其计算公式为

"按灯"处理时长 = 当季所有"按灯"工单从开启到关闭的总时长/已关闭"按灯"总数

（2）长尾管理：平均数有时会掩盖问题的严重性，所以必须在个案层面追踪每一个逾期未关闭的工单，时时监督直到问题解决。

其衡量指标为：超时工单总数以及超时时长。

3. 管理效能

（1）被动"按灯"和主动"按灯"：最开始的"按灯"是被动进行的，由用户的直接投诉来触发。可执行了一段时间之后我们发现，其实完全可以采取更加积极主动的方法，比如员工发现页面信息有错误，此时可能用户并没有察觉到，它只是一种潜在的伤害，但如果按照传统的"按灯"流程，这种没有用户投诉的问题是不会触发"按灯"的，因此这条规则应该被修改。

（2）软"按灯"和硬"按灯"：针对一些高价值、高流量、易出现人为判断错误的问题，可实行软"按灯"的特殊操作，也就是像每日优鲜一样，将"按灯"和下架分开进行。一线员工发现问题实施"按灯"操作后，工单照旧生成并立刻通知责任部门采取行动，但此时商品并不会被立刻下架,而是由专人时时监督整改进度,以期平衡用户体验与控制商业风险。

建议:对软"按灯"的处理时长应该更加苛刻,因为它的价值高、流量大,所以才更应该尽快处理,否则会造成更大的用户伤害和商业损失。

(3)自动"按灯"和人工"按灯":"按灯"不应该只是人工触发的,它还应该和大数据结合,通过信息收集和数据模型的建立,由系统自发报警,并自动生成"按灯"。比如在品质控制上,如果某个商品在过去一周退换货率急速增加,超出了规定的范围,那么系统会立刻分析退换货原因,并根据已经设定好的逻辑决定是否"按灯"下架有问题的商品,这样一来,无论用户投诉与否,我们都可以在品质控制上做到全方位、无死角的监控和保证,而且比人工"按灯"更加高效和低成本。

到此为止,关于"用户经营飞轮"的第一个要素"工具"的介绍,就已经接近尾声了,在下一节里我将用沃尔玛的一个案例来进行收尾,然后正式开启"用户经营飞轮"第二个要素的打造。

4.4 "品相不好"这个问题该怎么解决

"按灯"这种工具之所以作用巨大,是因为通过系统化的流程可以实现规模化的管理,将个案作为入口倒逼内部责任部门深挖原因，然后通过流程改进的方法迅速放大解决方案的价值，也就是从原来解决个案（低效/难管理/用户体验差），到如今解决共性的问题，这无疑是个巨大的进步。

4.4.1 沃尔玛生鲜部门领导的烦恼

当然，"按灯"也有一定的局限，它比较适合处理那些可以清晰定义"错误"的用户体验问题，比如说质量缺陷、页面信息不准确、货物破损、价格错误等，也就是那种一线员工可以立刻看出对错的问题。可是用户体验有时候是很难定义好坏和对错的，因为既然是"体验"，那么就存在个体差异、情绪化、主观判断、人为因素等诸多不确定因素，而且存在很难用统一的标准去衡量和定义的灰色地带，下面举个例子。

有次我去给一群初创公司的创始人讲课，其中有一位创始人经营着一家家居用品公司，听了"按灯"这个工具之后非常认可，因为可以快速高效地解决用户问题，同时反向驱动内部做改进。但是当进行到第二天上午的落地执行工作坊时，他却陷入了挣扎，因为很难制定出可以给一线客服代表拿来就能轻松运用的、用来触发"按灯"的标准：

"因为我们的用户都是那种对生活品质有独特见解的'小资'家庭，而我们的产品设计也一直在标榜'个性、自我、品味生活'，因此在服务用户时会出现各种问题。尽力去满足用户要求对我们来说没有问题，但难的是如何满足用户要求，因为用户的要求都非常的个性化。在这种情况下，我们的一线员工到底应该怎样'按灯'呢？"

这倒真是个难解决的问题，而且我相信这种类似的问题广泛存在，如果不能想出办法妥善解决，那么公司内部反对"按灯"的声音势必就会增强，怎么办？

在课堂上大家争论了好久，可谁也没有想出最令人信服的答案，于是只好下课去吃中午饭，边吃边聊，聊着聊着，突然有个学员想起了一件往事，给我们讲了起来：

"我记得当年在沃尔玛生鲜部门工作时曾经遇到过一个类似的案例，按照公司的规定，我们会定期做用户满意度回访，结果在一段时期之内我们发现，关于'品相不好'的投诉成了一个普遍存在的问题，而且还呈现出上升的趋势。于是总部要求我们立刻进行整改。

"那就改吧，于是我们就按照正常的管理学逻辑开始一步步地行动起来：

"（1）将现有的用户反馈进行汇总和分类，结果发现样本数和清晰度都不太够，于是决定扩大范围进行用户访谈。

"（2）对收集来的更加丰富的数据进行了第二轮的统计学分析，找出排在前五名的投诉问题，然后设计出商品上架品控表，发给一线的员工执行。

"（3）新的商品上架标准执行一段时间之后我们发现，用户关于'品相不好'的投诉还是居高不下，于是再次扩大范围做了第三轮用户访谈。

"（4）根据更加丰富的用户反馈进一步完善商品上架品控表，力争把所有关于'品相不好'的问题一网打尽，从而给予一线员工挑选商品时尽可能多和详细的说明。

"如此反复多次，这份商品上架品控表就这样越来越厚，越来越复杂，到最后几乎没有一个员工愿意执行这套新标准，这是因为：

"（1）步骤太多、太复杂，如果严格地遵循这套程序，每天的工作根本完不成。

"（2）存在条款与条款之间互相矛盾的现象，使员工无所适从。

"（3）用户关于品相好不好的判断标准本身就很模糊，导致管理部门在定义和修改内部执行标准时也无法统一，无法达成共识。

"（4）整改后连续几次的用户满意度调查都不理想。

"就这样，整个项目走入了死胡同。"

4.4.2　来自员工的"简单"建议

直到有一天某位员工无意中的一句话，才让管理组找到了最佳的解决方案。

"这个新的标准根本没有什么用,因为太复杂太难执行了,我们为什么不把它搞得简单点呢?比如每次将商品上架之前,如果员工不确定手中的这个商品'品相好不好',就让他们问自己一个简单的问题:如果我是用户,我愿不愿意为这种品相的商品买单?如果答案是肯定的,那就上架销售;如果答案是否定的,那就扔到一边。"

这真是一语点醒梦中人,让我的眼前一亮,对啊,这不就是解决个性化、体验感的问题最好的方法嘛:把自己当作用户,然后从用户的视角来看待这个商品,问题不就迎刃而解了嘛!

这时你可能要挑战我:"Peter老师,完全靠一个人的视角来定义商品的好坏,这种做法真的靠谱吗?万一这个人的标准错了那该怎么办呢?"

4.4.3 如何平衡个性化需求与共性体验

这个问题问得好,那我们接下来就来好好地研究一番:首先,一个人的标准肯定无法做到100%的准确,一个人也不能代表所有的用户,但是沃尔玛的生鲜员工有几十个,如果按这种思路将商品品相的决定权放到这几十个人手中,犯错误的概率是不是就会下降?

其次,品相好不好本身就是个"伪命题",它和用户的个性喜好、评判标准、品位甚至生活状态都是息息相关的,本身就不可能有一个统一的定义和标准,因此一开始管理团队解决问题的思路根本就是错误的！因为传统的企业管理是追求效率和效能最大化的，它的立足点是解决共性问题和实现标准化的问题，而用户体验有时候是不能过于追求标准化和所谓的高效的，尤其是当你的商业模式和目标用户本身就是渴望极致个性化的价值时，那么工业化的管理逻辑根本就行不通。

既然没有标准答案，那么索性就让我们回归本质，问自己一个最简单的问题：作为企业的经营者，你是否希望自己的员工都能在日常的工作中想用户之所想，急用户之所急，真心实意地从用户的角度来帮助他们，为他们提供最有价值的产品和服务？如果你的答案是肯定的，那么这套看似不靠谱的方法，其实才是你提升用户体验的最佳"工具"！

对于企业来讲，"按灯"这个工具最大的价值和意义并非只是解决用户的个别投诉问题，而是要把它作为一个杠杆，撬动整个企业向用户转身，让每一个人都能时刻站在用户的立场想问题、解决问题，如果能达到这个目的，那么伟大的"做地球上最以用户为中心的公司"的愿景，才有可能真正落地实现。

到这里，"用户经营飞轮的第一个要素"工具"就讲解完毕了。从下一章开始我们将进入"用户经营飞轮"的第二个要素：制度。

要素2：制度

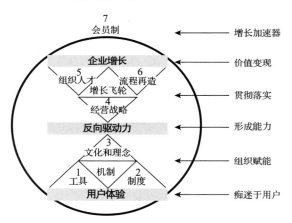

制度的作用在于将伟大的愿景拉到员工日常的工作场景中，让组织中的每个人通过一系列视觉化的载体，都能够真切地听到外部用户的声音，并以此指导自己每天的工作。

（1）让用户远离可以预见到的伤害。

（2）解决流程层面的问题，从根本上预防此类问题再次发生。

第 5 章
要素 2：制度

接下来我要和大家从以下几个方面深入探讨，如何通过"制度"来帮助企业建立起用户经营的机制：

（1）用户体验官。

（2）会议议程表。

（3）具象化的实体。

（4）榜样的力量。

5.1 万里挑一的用户体验官是做什么的

5.1.1 亚马逊用户体验官的由来和价值

首先就从我曾经在亚马逊担任过的一个非常有趣的职务说起，来深入剖析一下，在亚马逊用于给组织赋能的制度都有哪些，它们是什么样的，是怎样被提出来的，以及在其他的标杆企业中有无相似的应用。

用户体验官，在亚马逊的内部叫作 CXBR（Customer eXperience Bar Raiser），其最核心的价值主张有以下两条：

（1）卓越的领导者总是以用户为出发点，反向驱动持续的变革和创新。他们以赢得和保持用户的信任为己任。

（2）虽然领导者留心竞争对手的动态，但令他们痴迷的永远是用户。

亚马逊内部很喜欢用"Bar Raiser"（简称 BR）这个词，何为 BR？其实从英文直译过来就是"抬横杆的人"，它来自于一项运动项目：跳高。我们都知道，在跳高比赛中会有一个裁判站在跳高的架子边，当运动员跳过了一个高度，他就会及时地将横杆（Bar）抬起（Raise），升到更高的位置，让运动员继续接受挑战，再创辉煌。

Bar 代表用户体验的标准，Raiser 代表那些敢于挑战现状，不断地给自己和各个部门提出新的用户体验目标和愿景，然后推动整个组织不断进步，从而给用户创造越来越高、越来越好的价值和体验感的人。

记得当我还在亚马逊时，其员工总数已达到30多万人，而全球的CXBR加在一起，不过区区26人。于是一个非常有趣的问题就产生了：亚马逊是如何靠这26个人，去持续提升整个企业的用户体验横杆也就是标准的呢？

接下来就让我现身说法，以自己的亲身经历，来让大家感受一下，用户体验官每天都做什么吧。

5.1.2 独特的亚马逊新员工培训

首先是新员工培训（NHOT），想来这是每家公司都会有的一项程序吧，亚马逊当然也不能免俗。但是相较于其他公司，亚马逊在做这件事时有几点确实很特别：

（1）由用户体验官亲自操刀。

（2）先讲道理，然后辅以看得见摸得着的案例，让每位员工既知道公司"高大上"的愿景，也能与日常工作迅速建立关联，有利于落地执行。

举个例子。每位员工入职之后，按HR要求都必须参加一场由用户体验官主导的"洗脑大会"，名曰"亚马逊的古怪方法"（Amazon Peculiar Way）。在这场一个半小时的培训中我会首先讲解一共10条的亚马逊"古怪"的行为原则，然后给每一个原则配以案例说明，这样就能让每位新员工立刻将伟大的公司愿景"做地球上最以用户为中心的公司"，无缝嵌入自己日常的工作之中，举一反三，从而找出"我应该怎么做"的个人答案。

比如有这样一条:"我们愿意做长效的投资,即便这意味着短期的亏损。"如果我只是这样讲,相信每个人都会是一头雾水,因为这绝对是一句"虽然我没搞懂你想讲什么,但是听起来仿佛很厉害的样子"的空话。什么叫"长效的投资"?什么是"短期的亏损"?这句话和我又有什么关系呢?因此如果我不能用大家听得懂的话讲清楚,那么这场培训过后大家就会该干什么干什么,那些美丽的"以客为尊"的愿景和伟大的"把用户当上帝"的口号,就只能停留在墙上了。

那么在亚马逊,作为用户体验官的我是怎样解释这一条原则的呢?其实很简单,我会说:"朋友们,请拿出你们的 Kindle,然后用你们自己的账户登录,接着下单购买一本你们曾经买过的书,最后请告诉我:你看到了什么?是重复购买提醒。

"朋友们,这就叫'我们愿意做长效的投资,即便这意味着短期的亏损。'这就是所谓亚马逊古怪的做事方法,因

为对于一家以'做地球上最以用户为中心的公司'为愿景的公司来说,我们真正应该关心的是怎样才能和用户建立信任关系,而非如何快速高效地让他们掏钱,就像我们的创始人杰夫·贝佐斯曾经说过的那样:我们不是通过卖东西赚钱的,我们是通过给用户提供好的或者不好的信息来帮助他们做出购买决定来赚钱的。

"这也就是说,只要用户相信亚马逊是一家不讲假话的公司;是一家真正能关心用户的需求,为用户省钱并创造价值,值得信赖的企业,那么就算他这一单不买(短期的商业损失)也不要紧——我们有信心他明天会买,后天会买,一生都会买,因为信任——所以和用户建立信任关系,这叫长期的投资!"

所以你看,企业的那些看起来似乎很虚、很飘的所谓愿景、使命、价值观、文化,其实并非不能讲清楚,也并非不能真正落地执行,只要你能够做到像亚马逊这样:

(1)高层真的花时间研究,并亲自撰写培训材料。

(2)在现实的工作环境中寻找相关的、真实的案例,因为事实胜于雄辩,只要将实例列举出来,员工们立刻就会明白。

5.1.3 用户连接/亲听/站店……

除了为新员工进行培训,作为用户体验官,我还要积

第 5 章 要素 2：制度

极推动和负责管理一件参与感极强的有趣游戏：用户连接。

亚马逊有个不成文的规定，每位新入职的管理人员都需要在半年内去客服中心（或者仓储物流中心）当一天的客服代表（或者快递员），亲自接听电话，处理用户投诉，帮助用户解决实际出现的问题，并挑选那些与自己的岗位职责相关的问题，带回去研究和寻找深层次的解决方案。这个游戏是杰夫·贝佐斯发明的，而且他每年都身体力行。

"让高管去接听电话，这样做真的有实际的价值和意义吗？会不会太形式主义了呀？"记得有次讲课时某位大公司的高管这样问道。

没错，若论产能，这些人就算是拼尽全力地听一整天的电话，其实也处理不了几个投诉，甚至搞不好还会因为不熟悉业务而把问题给搞砸了，因此从这一点来说，确实有点得不偿失——这群人的工资可比基层员工高多了。但如果我们换一个视角，让自己认真、客观地思考一下下面这个问题，那么答案可能就完全不一样了：

如果你和你的高管们连这种一年仅有几次，可以很好地体现关心用户、以用户为中心的所谓形式主义的事都不做，那么我想问问你，你的员工怎么可能发自内心地相信你坐在主席台上喊出的那些宏伟的口号呢？！

倾听用户的声音，拥抱一线的员工，这是一家关心用户，一切以用户为中心的公司最起码的态度和行动。只要管理得当，并且持之以恒，那么这种貌似"形式主义"的东西就一定能产生巨大的实际价值和力量。比如我们在前文中介绍过的"用户经营飞轮"的第一个要素"按灯"工具,就是因为杰夫·贝佐斯参加用户连接活动,一次无意中听客服电话而引发的"改革",如果我们把亚马逊全球一年的"按灯"总数以及因为"按灯"而给用户和公司节省的成本和创造的价值统统计算出来的话,那将是多么巨大的一个成功啊!而这一切的源头,不过就是一通普普通通的用户投诉电话。

除了亚马逊,其实还有许多的企业也在用不同的方式搞类似的活动,比如阿里巴巴的"亲听"。

再比如有一次我给一家以线下连锁店为主要经营模式的健身中心做辅导,他们的创始人在听了这部分内容之后迅速推出了一个名为"站店"的活动,规定每隔半年全公司一定级别之上的管理人员(尤其是那些平时远离用户和一线的后台支持部门的管理人员),必须去就近的门店"站店"一整天:导购/现场客服/组织用户活动/清洁店铺卫生……在这一天当中,把自己完全当成一名最普通的员工,完全从用户和一线员工的视角,来重新审视和评估自己的工作成果:

(1)我设计的产品真的是用户想要的吗?用户真实的评价是什么?(研发团队)

(2)店铺的装修、布局、设施设备真的好用吗?人性化吗?用户使用频率高吗?(行政部门/运营部门)

（3）营销活动太多还是太少了？用户喜欢什么，不喜欢什么？（市场部、销售部）

（4）员工服务用户的积极性高吗？如果不高，为什么？KPI设计得合理吗？奖惩机制在员工的眼里合适吗？（人力资源部）

……

这个活动推行了一年之后，当我再次去给这家企业做跟进辅导时，一个最明显的改变是："用户""员工"这两个词在每位高管的嘴里出现的频率比以前高了许多，这种改变集中体现在做商业决定和讨论业务流程时，大家由原来的只谈商业数字、战略、竞争对手、市场动态，转变为时不时地就会举出几个自己听到的、看到的和用户体验相关的实际案例来作为讨论的依据，这种巨大的变化真是让人刮目相看，那效果真是相当好！

5.2 开会谁先讲

5.2.1 VOC：一切从用户的声音开始

亚马逊真的是一家非常奇葩古怪的公司，和我供职过/做过咨询服务的其他企业有着极大的不同，这种差异性，就集中体现在它的内部有一套看起来貌似十分形式化，但却寓意深远，并且能给企业创造实际价值的东西，比如说制度。

何为制度？我上百度查了一下：它一般指要求大家共同遵守的**办事规程**或**行动准则**，也指在一定历史条件下形成的法令、礼俗等规范或一定的规则，目的是使各项工作按计划按要求达到预期目标。

在此我特别将两个关键词做了标注：办事规程和行动准则。用更直白的话来说，企业设计制度的目的就是告诉大家怎样做事以及怎样做人——什么样的行为是对的、好的，是应该去效仿和践行的。对这种标准和理想行为模式的推广，每家企业都各有妙招：有的就直接通过打卡、罚款、背员工守则等方法直接执行；有的则是通过培训进行宣传，再加上监控和奖惩，潜移默化地执行。

作为全球最具创新精神公司之一的亚马逊，当然是不会效仿其他公司了，于是他们就特别开发出了一整套独特的做法——制度，通过制度来告诉员工，什么是"全地球最以用户为中心的公司"的员工应该具备的行为准则。

我们在上一节中介绍过的用户体验官就是一种特别好的优秀行为模式的载体，因为每个人都可以观察、模仿和学习他。其实亚马逊的管理团队推出用户体验官制度的初衷就是要在公司中树立起正确的行为模式标杆，让每位员工在日常的工作中都能看到或者接触到这些最佳的标准，这样一来，那些原本停留在纸上/墙上的行为准则和规定，才能真正和每个人的日常工作场景相关联，并最终顺利落地执行。

第 5 章 要素 2：制度

除了用户体验官，下面我给大家再介绍另外一个用于提升用户体验的制度层面的应用案例，其中既有成功的经验，也有失败的教训，供大家学习和参考。

用户的声音：VOC（Voice of Customer）。

首先问大家一个问题：你每天用于开会（各种形式的会议，包括但不限于：各种功能板块的业务例会/财务会/产品设计会/市场营销会/计划会/总结会/项目会议，以及日会/周会/月会/季度会/年度会）的时间，大概占到全天工作时间的百分之几？

40%？50%？60%？还是更高？

我不知道你们的答案，反正基于我多年的实际管理经验，再加上这些年的企业辅导和咨询体会，通常一位企业的中高层管理者，每天最少有 50% 的时间是被各种会议所占据的：给别人开会 + 被别人开会。

如果你也觉得这就是每个企业的真实现状的话，那么接下来的这两个问题就变得至关重要了，请问，在你们公司的会议中：

（1）开会时通常谁先发言？哪个部门的声音最大/占据的时间最长？

（2）在这些内部会议中，外部用户的声音能不能被听见？

如果我没有猜错的话，第一个问题的答案应该是："老板,以及销售部和财务部";第二个问题的答案应该是:"这要看情况,如果有多余的时间就给客服部门两三分钟谈谈最近有没有火烧眉毛的用户投诉;如果没有时间或者用户还没有找上门来,那就不用谈了,因为我们还有更加重要的事情要去讨论,比如未来的战略、年度大促、市场定位、新产品设计、财务危机、公关营销……"

如果这就是你的答案,那么问题来了:在这种占据每位管理者多达50%~60%甚至更多的时间的工作场景中,居然都听不到用户的声音,请问:你是如何关心用户的?

那么在处处标榜"痴迷于用户"这种极致文化的亚马逊,开会时谁先发言呢?当然是用户!这就是VOC。

接下来就让我以每周的例会(WBR,Weekly Business Review)为例,来和大家聊聊亚马逊如何通过VOC这种制度,来保证在每一场会议中用户的声音都能被听到,而且还能被当作有力的武器,来反向驱动内部做出改进,从而给用户带来更好的体验和价值。

以中国区为例,每周二的上午都会有一场1个小时的例会,要求所有部门的负责人必须出席(从前端的销售/市场,到后台的运营/财务/HR……),而这场会议的第一个议题,就是从VOC开始:

"上周我们一共收到××个用户的咨询和投诉,其中最主要的问题是促销价格错误,接下来让我们来听一段用户的电话……"

第 5 章 要素 2：制度

"上一周'按灯'一共××个，主要出现在××部门，工单未如期关闭的有××个，最长的已经有 15 天了……"

接着，最有趣的一幕出现了，作为中国区的用户体验官，我开始认真扮演起了"坏 Peter"的角色："请市场部的副总裁谈谈，听了刚才那个用户铿锵有力的投诉电话，你有何感想？请问用户说得对吗？根源是什么？你们打算如何整改？"

"坏 Peter"是我在亚马逊内部的一个"昵称"，其"发明"者是曾经的一任中国区总裁，因为当时中国区的高管团队中有两个 Peter，在开会时经常会被搞混，于是为了加以区分，大家便根据我们两人在会议中一贯的表现，用"好"和"坏"进行了个性化的定义，于是我"坏 Peter"的名字就此问世。

作为一名用户体验官，我对大家能授予我如此之高的"荣誉"，感到无比荣耀，因为在我的心目中，这就是用户体验官应该长成的样子和应该起到的作用：在员工中树立起一种极致关注用户，始终以用户为中心，做任何事情之前都首先想到用户，然后反向工作，去为用户发明创造，提供价值的理念。

开会时谁先发言（会议议程表）貌似只是一件很小的事情，但其背后的逻辑以及实际的价值却一点都不小。

（1）它是一种很好的用户至上文化的宣传：天天讲、

月月讲、年年讲、各种场合下讲，当员工发现中国区的例会是这么开，美国区的例会也是如此，欧洲和中东地区的例会也是如此时，他们就会慢慢相信：哦，原来这家公司是来真的！因为我的上级和上级的上级们每天都在重复做同样的事情，因此我也要像他们一样。

（2）它可以产生反向驱动的力量：单个用户的投诉可能并不会对公司造成实质性的伤害，但是只要你耐心地深挖根源，就一定能找到流程层面的问题，然后再加以反向的工作和思考，就会由点到面地改进所有相关的缺陷，从而整体性地提升用户体验——比如"按灯"的发明。

（3）它能培养员工正确、优秀的行为习惯：每天有最少50%的时间都在听用户的声音，都在谈用户的需求，都在做跟用户相关的事情。一开始员工可能是被动的，但慢慢就会形成一种本能的思维和行为习惯：比如市场部的人就会本能地想："这条促销规则会不会产生什么问题啊？我看我最好还是再确认一下。"比如产品研发部的人就会不自觉地想："前几周的例会上听到用户反复地讲噪声的问题，我能不能在下一代产品设计中彻底解决这个问题？"……用户！用户！用户！只要这个词在各种会议中被反复提及，被一遍遍地强调，那么你就最起码成功一半了！

5.2.2 一加手机的几点心得

一加手机是一家非常关注用户体验和价值感的手机公

司，2019年我去给他们的几个部门做了关于用户经营的分享和辅导，我们在理念上非常一致，就是我们都发自内心地认可：仅有良好的意愿是没用的，关键是要打造扎实的机制。于是在第一次课程结束之后不久，他们就成立了专门的项目小组，开始按照我的这套理论推广其中的一些工具和制度，比如"用户体验官"（他们是用户体验小组）以及VOC。但是在后续的执行过程中却出现了一些小问题，好在及时找出了解决方案，所以整体的执行效果还是相当不错的。接下来我就根据他们在推行VOC中的一些心得体会，给大家提几条建议。

（1）分享时必须点面结合，真实的个案更具情感冲击并让人印象深刻。

管理要关注数字——这种想法本身并没有错，所以推行VOC必须有全局的视野（数字对比/报告分析/趋势动态……），但是用户体验并不是一堆冷冰冰的数字，它是每个有血有肉的用户给我们讲述的有温度有感情的故事，所以我们必须要创造机会让那些平时高高在上，靠看数字、听报告管理企业的各级领导们亲身体验用户的感受，否则用户在他们眼里就只能是一堆数字。要想做到这一点，形式可以多种多样：会议现场播放用户录音，看用户的电子邮件，邀请用户来会议室当着全体高管的面提建议，观看用户访谈视频……

记住：我们做的是人的生意，而非冷冰冰的数字！

（2）关注流程层面的改进而非解决单个的投诉。

推行 VOC 一定要讲求效率和效能，个案问题的解决应该在会议之前就完成了，因此会议必须聚焦在"问题的根源/流程的缺失/如何整改/后续的追踪/KPI 的调整/有无类似问题需要一并解决"等更加本质的问题上。如果过多地纠结于一两个个案的解决，那就是在浪费时间，也会让管理层失去激情和耐心，不利于 VOC 的推广执行。

（3）沟通要闭环，有始有终。

改进行动一定要一追到底，同时要进行闭环沟通，这样用户的声音才有价值，责任者的行动才能被评估和追踪效果，制度才不会流于形式。

（4）坚持坚持再坚持！

虽说是件"小事"，但是能做到的企业恐怕并不多。那么你们的企业现在做到了吗？能坚持做到底恐怕不那么容易，所以说，越是"简单的"，其实越困难，在建立和落实制度上尤其如此。

5.3 "空椅子"的价值

在前面两节中我们介绍了"用户体验官"和"VOC"，如此一来大家对于亚马逊独特的用户反向驱动的制度已经有了初步的了解，本节中我给大家带来了一个新的案例，相信通过这个案例的学习，大家会对如何通过制度的建立来给企业赋能,打造出"用户反向驱动"的组织能力,有更加深刻的认知。

5.3.1 "空椅子"的由来

这个有趣的制度其实很简单,就是一把"空椅子"。

我是 2012 年年初加入亚马逊的,按职场惯例,接受职位之后通常会有一个月的过渡期来让新员工办理入职的各种手续。为了让自己更快速地了解和适应新公司的文化,我在这一个月中上网查阅了大量关于亚马逊的各种报道,这其中就包括今天我要给大家分享的这个案例:空椅子。

百度上是这样写的:为了体现"痴迷于用户"的企业文化,亚马逊在开会时会专门空出一把椅子,以提醒每位与会者:这把空椅子代表我们的用户,虽然他今天没有来开会,但请大家别忘记了,这个应该来却没有来的人,才是对我们的生存和发展最重要的人。

记得加入亚马逊的第一天,我就对"空椅子"这个很"虚"的东西有了初步体验——在新员工培训和第一次跨部门例会上。说心里话,当我真实地看到这个东西时心里并不认同,甚至还觉得有些好笑。虽然我知道它背后的逻辑和深刻的寓意,但以我 20 年在职场的真实经历来看,这种形式主义的东西其实并没什么用,别说放一把空椅子,你就是把整个会议室摆满了空椅子,甚至在每把椅子上都贴上了用户的头像/名字/照片,可是大家真正在做事时考虑的还是眼前的现实利益：比如各自的 KPI、绩效评估标准、老板的个人喜好等，至于用户体验，嘴上说说就行了，谁会当真呢？

可是很快我的这种认知就发生了大逆转，因为一件在我身边真实发生的小事，开始让我真真切切发自内心地相信：在亚马逊这家奇葩的公司，"空椅子"这种看起来很"虚"的东西，原来真的有意义！

5.3.2 我对"空椅子"价值的再认知

在我前后历时 5 年的亚马逊生涯当中，我和杰夫·贝佐斯只开过两三次会，但第一次跟他开会，就和"空椅子"有关。

记得那是一次关于北美某场市场营销活动的讨论，与会者包括零售端的负责人和运营部门的各位领导，我是以全球客服项目领导的身份参加的会议。当我进入会议室时里面已经几乎坐满了人，所以那把没人敢坐的空椅子，就显得格外扎眼。

其实那天的议题很简单：销售部门想要尽快上线一款营销产品，该产品可以给公司创造××亿美元的利润，新增×××万名的新用户，增加一定的市场占有率，而且还特别强调：如果不能及时抢占暑期档，就会被竞争对手钻了空子；可是后台运营部门却不同意——准备时间太短，可能无法保证仓储物流以及客服的服务质量，最终会伤害到用户体验。

第 5 章　要素 2：制度

于是在会议中各方摆事实讲道理罗列数字，从各个角度进行了激烈的争论，可是最后谁也说服不了谁，于是会议室里的争论声渐渐低了下来，大家开始把目光投向了坐在长条桌远端的杰夫·贝佐斯，期待着他来拍板做最终的决定。

没错啊，所有公司的"终极决定"不都是这样的吗？下属们先起草个方案，然后逐级讨论，最后由大老板做最终决定，接着落地执行。

就在我以这种"正常"的思维模式期待着杰夫·贝佐斯出来主持大局结束这场争论时，令人意想不到的一幕出现了：只见那个全球最富有的人（当时还不是首富，但就是因为他做了一堆"怪事"，所以后来变成了首富——这些"怪事"里就包括"空椅子"），站起来指着那把空椅子说出了下面这句话：

"如果那个今天最应该来但却没能来的人，现在坐在这把椅子上，你们猜，他/她会做什么决定？他/她会掏钱为这次活动买单吗？为什么？"

一分钟，真的只有一分钟，会议室里的讨论完全转变了方向，那些刚才还为××亿美元/伟大的战略/耀眼的商业模式创新/可以完败竞争对手而激动得手舞足蹈的商业领袖们，现在都开始低头思考起一个极其简单的问题来：

"嗯，如果我是用户，假设你的送货时间可能比平时延迟 2 天，而且收到的货搞不好还会破损，那我应该不会多掏 1.5 美元去参加这场促销活动。"

"嗯，如果我是用户，优惠了5美元确实不错，但是下单的流程多了两步，而且还要跳转到别的平台填写一堆信息，万一我的个人隐私被泄露了怎么办？算了，我还是不参加了。"

"嗯，如果我是用户，什么？促销期间客服热线可能打不通？！那我遇到问题要找谁啊？这种活动不要也罢！"

经过这样一番看起来幼稚可笑的内心思考过后，与会者很快就达成了共识：项目暂时搁浅，等运营部门准备好之后再开始。就这样，会议结束了。

所以你看，当一切看起来伟大/重要/致命/核心的商业问题回归到其本质的时候，其实决定的做出一点都不复杂，那就是你问自己：

"如果我是用户，我会对这个项目说'是'还是'不'？"

如果答案是"是"：这个产品就是用户想要的，对用户有价值的，想掏钱买单的，那就做！否则无论你的想法多么高明/睿智/高科技/有利润……都是没有价值的，因为用户不会买单，或者买单了很快就会后悔，那最终你的企业只有死路一条。

那次会议中杰夫·贝佐斯以及所有与会者的现场表现让我非常震惊，也让我对"空椅子"这种貌似极其形式主义的制度产生了完全不同的认知：那天能参加讨论会的人可个个都是公司的精英人物啊，他们中的大多数人都有着非常丰富的实际管理经验，而且在亚马逊这家非常重视用户体验的公司也不是待了一天两天的，因此他们不是不懂用户的重要性，也不是不认同公司的伟大愿景（做地球上最以用户为中心的公司），但为何一到了具体的工作场景中，还是会不自觉地陷入本位主义/内部视角的漩涡中，以至于全然忘记了那个对我们最重要的用户呢？

这就是要在企业中建立看得见摸得着的"制度"，并由上而下坚持不懈地执行的原因所在！

因为制度就是一个最好的桥梁和载体，它能把看不见摸不着的伟大愿景，与日常工作中每个人做事/做人的方法和规则相关联，让你在实际的服务用户/为用户创造价值的所有场景中都能以正确的方法做正确的事。只有这样，"以用户为中心"才能落地。

5.3.3 应用"空椅子"时的几点建议

正所谓有样学样。回到实际工作岗位之后，我就立刻尝试着用了几次"空椅子"，结果发现效果真是太好了！因为这种独特的"制度"简单易行，而且极其视觉化，因此一旦变成例行性动作，对员工产生"关注用户，一切以用户为中心"的行为习惯的培养非常有帮助。

看到效果这么好，于是我就开始扩大使用范围：从本部门的会议，扩展到各种跨部门的会议，再到所有用户体验官的项目审核会议（在后面的章节中我会详细介绍），都开始将"空椅子"作为一个有力的武器，来时刻提醒自己

和所有的与会者:

真正有资格在这场会议中做决定的人,是那个本应该来但却没有来的,坐在那把空椅子上的用户!

美团现在已经在公司内部开始全面推行这种制度,据说对员工思维方式和行为习惯的改变非常有帮助。如果你的企业也想在内部落地这种制度,那么以下几个注意事项请务必遵照执行。

(1)自上而下,从最高层的会议开始实行,再逐级往下推。

榜样的力量是无穷的,如果连公司的高层都坚持不下去,那么再好的制度也会流于形式。

(2)形式与实质并重。

空椅子是提醒员工的载体,目的在于让与会者时刻从用户的视角出发,反向为用户工作及创造价值,如果不能将这种优秀的行为与正在会议中讨论的项目/议题/决定/汇报相结合,那么这种制度就和美容院和房产中介每天例行的喊口号、做早操没什么区别,员工也不会真的把它当回事。

(3)坚持不懈,领导要身体力行。

在执行中每位领导都要做监督员,不给任何人、任何事情找借口,哪怕会议室里挤得满满的,也一定要坚持空出一把椅子。

那么除了以上这些应用场景之外,还有没有其他更令人震撼的案例呢?还真有,我会在下节中详细介绍。

5.4 杰夫·贝佐斯的"？"电子邮件

通过前面三节的讲解，相信大家对于亚马逊"古怪"的制度已经有了了解，其实类似这样的独特形式在亚马逊内部还有很多，本节再分享一个曾经让我倍感"悲催"的小故事，然后通过深入的点评，给"用户经营飞轮"的第二个要素画上一个圆满的句号。

5.4.1 一封无字电子邮件引发的"血案"

这个故事的名字一听就非常有趣，叫作：被亚马逊创始人的电子邮件虐，是种什么样的感觉？

我加入亚马逊没多久，就从一位前辈的口中听到了一个小故事：据说杰夫·贝佐斯的电子邮件地址在亚马逊是最短的：jeff@amazon.com，不仅如此，他总会不遗余力地向媒体和外界宣传这个联系方式，以便当用户有问题时可以直接写电子邮件向他投诉，而他也会经常阅读用户的反馈，并亲自回复。

"这绝对是作秀式的宣传！"这是我第一次听到这个故事时内心真实的想法，因为以我多年的企业管理经验来看，这种级别的老板每天的电子邮件起码有好几百封，而且还要开无数个会，哪有时间读用户的投诉电子邮件啊？再说了，就算这个邮箱真的是他的私人邮箱，也肯定是秘书在帮忙筛选和管理，只有那些最重要的电子邮件才会发给他本人看：比如重大的商业决定/公司核心的业务状态/竞争对手的动态/未来的战略……至于单个用户的投诉，我不相信这种电子邮件杰夫·贝佐斯会看，更别提亲自回复了！因此在会议室初次听到这个故事时，我在心里暗想：

"假！太假了！"

可结果呢？不久之后发生的一件小事，让我从此心服口服地相信：这是真的！

记得那是一个星期一的早晨，刚到公司我就打开电脑查看邮箱，结果发现居然有一封来自于公司创始人的电子邮件，其格式非常简单，只有一个大大的问号：

> 发件人：Jeff
> 收件人：Peter
> 抄送：Mark
> 主题：你们少给了我25元钱！！！
>
> ?

公司的大老板居然亲自给我写邮件了！这可是我加入亚马逊3个月以来的第一次啊，看来我在公司里还是个人物啊，连全球最富有的人都知道我，不得了不得了。

对着笔记本电脑窃喜了两秒钟之后，我就立刻行动了起来。在职场这么多年，这点情商我还是有的：绝不能错过这个千载难逢的表现的好机会！一定要快速、高水平地处理好这个用户投诉，好让大老板因此对我留下深刻的印

第 5 章 要素 2：制度

象，说不定这就是我在亚马逊发展的崭新起点啊！

想到这，我马上吩咐手下一名最得力的高级客服经理，立刻和用户通了电话，最后用了不到 2 分钟，问题就被解决了，而且用户也相当满意：其实事情并不复杂，因为前端零售团队的疏忽，导致上周服饰线的一场小规模促销活动的打折券出了问题，有个用户觉得自己少领了一张优惠券（面值 25 元），于是就利用翻译软件写了个投诉的电子邮件，也不知道他是从哪里打听到的杰夫·贝佐斯的邮箱地址，于是就抱着试试看的心态发了过去，结果没想到就中了"大奖"。

真诚道歉，补发优惠券，再给张 50 元的购物卡，还给他申请了个免费的小礼物……

搞定！最后用户非常满意，不但一个劲地说"够了够了，再多就拿不下了"，而且还主动询问是否需要他再给杰夫·贝佐斯写封表扬信，好好地夸夸我们。

听了下属给我的汇报，我这才把心放在了肚子里，然后非常坦然地去开一场所有中国区高管参加的、事关未来战略的、非常"重要"的业务会议了。心想等把这个"重要"的会议开完，再抽空写封邮件，回复一下杰夫·贝佐斯就好了。

可会议刚刚开到一半就被电话铃声打断了，原来是我的法国上级 Mark 在找我，于是我赶忙跑出会议室去接电话，一听才知道是关于那个用户投诉的事（因为杰夫·贝佐斯给我发电子邮件时也抄送给他了），于是我连忙向他解释我们已经联系了用户,现在用户非常满意,等我开完眼前的这个"无比重要"的战略会议,就会写电子邮件回复杰夫·贝佐斯,告诉他问题已经解决了……

"你就打算这样回复杰夫吗?在收到杰夫的'问号'电子邮件之后,你居然还有心情坐在会议室里开什么'重要的'会议,难道有比用户还重要的事情吗?!请你马上查收一下我的电子邮件,立刻按照上面的指示重新开始工作,然后等一切行动完成后再遵照我在电子邮件里的格式要求完完整整地起草一封电子邮件,让我修改审核过后再回复杰夫,明白了吗?"

看了 Mark 的邮件,我才知道原来在亚马逊收到杰夫·贝佐斯的关于用户投诉的"问号"电子邮件,是多么重大的事件,需要你放下手边所有的工作,立刻高质量地开始工作。

5.4.2　5 个 WHY 工作法

下面就让我给大家详细解释一下 Mark 发给我的工作指引。回复杰夫·贝佐斯的电子邮件一共分为三个部分:

(1) 用户端的解决方案。
(2) 利用 5 个 WHY 的方法找出问题的根源。
(3) 解决方案。

其中第一部分尽量简洁,一句话最好,因为这不是问题的核心。比如你可以这样写:"已联系用户,对方已接受我们的解决方案（优惠券/购物卡……），无其他异议——用户端问题已经解决。"

第二部分可就相当费力了，因为你必须通过问 5 个以上的 WHY，来挖出问题的根本原因，而且必须触及流程层面的问题，否则你的邮件一定会被杰夫·贝佐斯骂回来的。比如你需要这么问：

第一个 WHY：用户为何要投诉？

答：优惠券没领到。

第二个 WHY：为什么他领不到优惠券？

答：因为系统漏发了。

第三个 WHY：为什么系统会漏发？

答：因为促销上线前录入促销规则时零售端的操作人员失误了。

第四个 WHY：为什么操作人员会失误？

答：因为操作人员是临时工。

第五个 WHY：为什么临时工就会失误？

答：因为培训不足，再加上促销上线前缺乏提前审核。

第六个 WHY：为什么培训不足？为什么没有进行上线前的审核？

答：因为最近促销活动较多，原定的促销系统培训推后了……至于上线前的审核，是因为促销上线是在节假日期间，所以没人在线值班。

第七个 WHY：为什么工作多培训就推后？类似这样的

事关用户体验但又被推迟的培训还有哪些？为什么节假日就没人审核？类似这样的促销活动还有哪些？

……

我这才问了七个WHY，可能你们就已经感到一阵阵的"杀气"扑面而来了吧？其实在这个具体的案例中我记得最终一共问了十三四个WHY，才终于挖到根儿，也就是流程层面的问题，因为如果不追踪到流程层面的问题，而只是头痛医头脚痛医脚，那么根本就不能杜绝此类问题的再次发生，所以说"预防"问题远远比"解决"问题更有价值。

前后花了近一个星期，和相关部门开了三四次会议，我才把这封回复邮件起草好，再加上那个喜欢骂人的Mark反复的修改，最后才将它发给杰夫·贝佐斯。

"谢谢。"看到杰夫·贝佐斯在看了我的电子邮件后最终写给我的这个单词，我才长舒了一口气。

5.4.3 榜样的价值和意义

这件事情结束之后的好长一段时间里，我的心里都挺不舒服的：作为中国区的副总裁，就因为一件只值25元钱的用户投诉，居然就被自己的上司骂了，而且还要问那么多的WHY，写那么长的电子邮件回复大老板，是不是我的这个顶头上司对我太苛刻了？是不是所有的人都有点小题大做了？

随着在亚马逊供职时间的延长，以及通过和其他有类似经历的高管的交流，最后我才明白：其实我的上司并不是对我有什么个人偏见，而是因为如果他不这么高标准地要求我,那么最终的结局,就是我们大家一起被杰夫·贝佐斯骂,而且这种事情,在亚马逊还发生过不止一次。

自从这次事件之后,当我再次收到杰夫·贝佐斯关于用户投诉的"问号"电子邮件时,不需要任何人提醒,我和我的团队立刻忙得团团转,别说问 5 个 WHY,就是问 50 个 WHY 也在所不惜!因为我知道,如果不这么要求他们,那么等待我们的将是什么。于是"痴迷于用户""做地球上最以用户为中心的公司"的美好愿景,就这样一层层、一点点地灌输和建立起来了。

榜样的作用,貌似很虚,但只要你坚持不懈地做下去,1 年、2 年、5 年、10 年,那么其产生的影响和价值,可能真的就是巨大和实实在在的。从这个意义上来讲,其实伟大并不是指那些惊天动地的巨变,而是指你是否能够将一件"简单"的事情,坚持不懈地做对、做好、做完整。而要想真正做到这一点,在企业内部、在每个人的身边打造看得见摸得着的制度,就显得尤为重要了。

比如一群随时将用户放在心里、挂在嘴上的用户体验官,比如会议室里亮眼的空椅子,比如开会谁先讲(VOC),比如管理者没事就去一线听听用户的电话,比如创始人亲自接收并回复用户的投诉,比如在每一个新产品研发之前先邀请用户参加产品研讨会……

你们公司有没有类似这样的特别的制度呢?

要素3：文化和理念

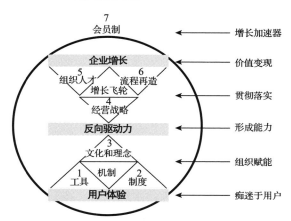

培养每位员工"痴迷于用户"的行为习惯，是企业提升用户体验唯一正确的方法，而要想真正做到这一点，就必须关注长远的目标。

第 6 章
要素 3：文化和理念

在讲解"用户经营飞轮"的前两个要素"工具"和"制度"时，我给大家介绍了好多听起来非常奇葩的案例，想必大家在惊讶与钦佩之余，还会提出另外一个问题，那就是：为什么这些奇葩的案例会如此集中地出现在亚马逊呢？它们之间是否有什么内在逻辑关联？还是只是"碰巧"被亚马逊发明和发现了而已？

其实原因并不复杂，这是因为亚马逊拥有"痴迷于用户"的企业文化，以及"从用户出发，然后反向驱动内部工作"的企业经营理念。这种独特而又鲜明、扎实的思想基石，注定了类似这样的奇葩案例，会在亚马逊层出不穷：过去，现在，以及未来。

那么亚马逊"一切以用户为中心"的文化和理念究竟意味着什么？这些文化和理念在日常的企业管理和运营中又是如何体现出来的呢？接下来我主要从以下两个方面来

给大家做深入的解读：

（1）以行为引导结果，而非以结果引导结果。

（2）关注长远的目标。

6.1 什么是"以行为引导结果"

6.1.1 以结果引导结果催生的闹剧

要想把这句话解释清楚确实不太容易，我先给大家讲两个我自己亲身经历的小故事。

第一个故事发生在几个月前。因为飞机晚点，我到酒店时已经是晚上11:30了，旅途的颠簸让我饥肠辘辘，于是一放下行李我就立刻上网点了一碗粥和几个小点心。很快食物就送到了，就在我急急忙忙打开包装袋打算大快朵颐时，一件让人无比郁闷的事情发生了：没有勺子！

哎呀我这个气啊！如果是馒头米饭还好，可这是一碗滚烫的粥啊！于是我火冒三丈地拨打了外卖餐厅的服务电话，结果是我的火气更大了！

"对不起对不起！要不我马上派人再跑一趟？不会很久的，也就40分钟吧……对了，虽然勺子我们忘记放了，但是包装袋里有个小卡片您可千万不能忘记啊！请您给个好评，千万不要给我差评啊！我们的工资都是和这些指标挂钩的，请您一定高抬贵手，我上有老下有小，真的不易啊……"

到底是什么卡片让服务员如此紧张？于是我再次打开外卖袋子，在里面找到了下面这张小卡片。

虽然卡片另一面也注明了"如有问题请联系我们，保证及时处理"的提醒，但是在我这个做了十几年用户体验咨询服务的老手的眼里，这些承诺根本就不可信：

（1）你早干什么去了？为什么等出问题了才让我打电话给你们？

（2）其实你根本不在乎我开不开心，你只害怕我给你差评。

（3）通过打电话去反映问题我发现，你们处理问题的关键点不是发现和解决问题的根源（为什么没有放勺子？这是个案吗？靠什么机制才能保证今后不再出现类似问题……），而是怎么给我赔偿或者说好话，然后恳求我给好评。

那么最终我是怎么做的呢？我选择用脚投票，从此不再选择这家店的食物。

向用户要好评对吗？给员工（尤其是一线员工）设定满意度指标（结果）是种有效的监督、管理、调动员工的积极性，让员工去关心用户、帮助用户，并最终提升公司的整体用户体验（结果）的方法吗？

在我加入亚马逊之前，我的答案是：是。因为以我当时的认知，只有把结果（好评数/用户满意度）分配给每个人，然后再加上严苛的奖惩措施，最终才能得到我们期待的好结果（优秀的用户体验）。但现在如果你问我，那我会毫不犹豫地说：不！这种做法除了会催生造假的行为以及不真实的用户反馈之外，对用户体验的提升是有百害而无一利！

6.1.2　5%的会员转化率到底低不低

那究竟什么是提升用户体验的正确理念呢？请大家继续看第二个故事：如何通过客服人员的"努力"，有效提升美国的Prime会员转化率。

Prime会员制是亚马逊最先在美国推出的一项重要的提升用户体验、增加用户黏着度和拉动销售的活动。最初设计的主要卖点是"免运费"＋"快速送货服务"——在美国网络买家购物时要承担的运费非常高,而且配送时间一般都很长(相比而言中国的网民简直太幸福了:免运费/当日达/同城 4 小时急速达都成了标配)。为了吸引亚马逊买家的重复购买,提升年度整体消费额,公司在十几年前推出了 Prime 会员制:79 美元买会员,享受整年运费全免及快速送货服务。

为了积极配合这个重要的公司战略级别项目的推广,我的美国客服同事们为此特别设计了一场大型活动:向用户介绍并推荐 Prime 会员制,提升会员总体购买数量和现有亚马逊用户中的会员比例——简单点讲,就是让新老用户(尤其是老用户)多买会员。

为了做到有的放矢,客服的技术团队特地开发了一个小插件:当用户联系(电话/聊天/电子邮件)客服人员时,其过去一年的消费记录将被自动累计,如果系统发现其实际运费已超过 Prime 的会员费(79 美元),则在客服人员的电脑屏幕上会跳出一个提醒窗口:

"此用户是潜在的 Prime 会员。"

然后客服人员就可以有针对性地进行下一步的动作了。

按照活动设计,此次客服项目先在美国推出,然后根据两个月的实际效果,再决定是否要在全球推广。巧的是,在我加入亚马逊的第三个月,就有幸去美国参加了这次颠覆我的"管理学三观"的项目结果评估会议。

当时我参加的是"亚马逊年度客服全球会议",这个会员项目只是三天会议中的一个议题,参会者包括全球及来自各个国家的客服高管以及跨部门的负责人(根据项目内容需要选择性地邀请)等。这场会议已经过去许多年了,其中大部分的细节早已被我忘却,但是下面的这两句话却让我牢记终生——因为它们彻底改变了我关于用户体验的认知,也开始让我在心里慢慢地、真切地感受到,一家称得上"伟大"的公司,应该有的样子:

"我们不是通过卖东西赚钱的,我们是通过为用户提供好的/不好的信息,以期帮助他们做出一个购买决定而赚钱的。"

"用行为引导结果,而非用结果引导结果。"

在亚马逊开会时是不用一页 PPT 的,会议的主持人也无须做报告,每个参会者在会议开始的前 30 分钟全部都要低头无声地读文件,然后直接进入逐页讨论的环节。当我在第二页的报告上看到"会员转化率"的实际表现时,不禁吃了一惊!

项目推行了整整两个月了,开发了 IT 插件,也经过了细致的员工培训,可是实际的会员转化率居然只有低得可怜的 5%!

因此 30 分钟的阅读时间一到,我就迫不及待地第一个"开炮"了:"我说美国的朋友们,不是我要批评你们啊,忙活了两个月,花了公司那么多钱,可至今为止目标用户转化率居然是如此之低——5%!这要是传出去还不被同行们笑话死啊?!"

"Peter,请问你是如何得出'5%的转化率=低'这个结论的呢?"美国区的客服副总裁面带微笑地问道。

"在咱们客服行业里,电销的转化率如果不做到50%那是会被竞争对手们笑话的!远的咱们就不说了,就拿我上一家公司来说吧,我在担任客服领导时,曾经创下过'续保服务购买转化率'60%的全球纪录……"

"哦,60%,确实很'高'。那么Peter,请问你当时用的是什么有效的方法实现这个目标的呢?"美国区的客服副总裁面带神秘的微笑继续问道。

"简单!直接将目标分解到个人,同时跟奖金和工资挂钩:做到了就重奖,做不到就让他们走人!这种方法对一线员工尤其有效。记住,一个人都不能放过哦!而且要给他们设定严格的时限,不然他们是不会把咱们的话当回事儿的!"

当我铿锵有力地将过往的"成功"经验一口气讲出来之后,整个会议室的人哄堂大笑了起来。看着我一脸茫然的表情,我的法国上级Mark带着恨铁不成钢的神情出手相救了:

"Peter,你刚加入亚马逊,还不懂我们的思维方式,请你先坐下认真听听其他人的发言,然后再发表你的意见吧。"

于是我就乖乖地坐在了一边开始老老实实地听其他的高管讨论了。你还别说，他们讨论问题的思维方式真和别人不一样！

6.1.3 结果不重要，重要的是产生结果的行为是否正确

接下来就让我来还原一下当时的现场情况。只见美国区的客服副总裁这样说道：

"在我们评判5%的转化率是高还是低之前，让我们先厘清以下几个基本的用户信息：

（1）从活动开始之日起，用户是否通过各种沟通渠道（客服电话/电子邮件/网站/购买评论区……）向我们反映或者投诉过，因为Prime会员制活动信息的发布不够清晰、不够醒目，我们的客服人员介绍得不彻底、不准确、不积极，以至于让他们觉得自己的利益受到了损害？

（2）从活动开始之日起，在以上的各种用户沟通渠道中，我们是否有收到过用户关于客服人员过度推销或者令用户产生被欺骗的感觉的投诉或者反馈？"

在接下来的30分钟里，当美国区的客服团队摆事实讲道理，用全面、详尽的数据向与会者证明，以上的用户投诉都没有发生时，与会的全体领导不禁拍手称快，并很快达成了以下的共识：

（1）我们现在可以肯定地得出结论：美国的一线客服

人员正在做着"正确的"事情；他们已经具备了"正确的"服务用户的行为习惯，因此5%的转化率结果是真实、正确、合适的，而且是对用户真正有价值和意义的！

（2）鉴于以上的结论，大家一致同意：尽快将美国区的活动方法加以总结，并于下个月在全球范围内推广上线。

什么？这个低到如此"惨不忍睹"的5%的转化率，居然被这群人理直气壮地定义为"合理的"，而且还要在全球推广？我气得实在是受不了了，于是忍不住问道：

"你们真的发自内心地相信这是一位'高效'的管理者应该做的事情吗？"

"Peter，是的！我们毫不怀疑地坚信这一点！因为要想得到真实的用户体验，作为管理者，我们应该做的无非以下两条：

"（1）建立机制，赋能所有的员工（尤其是一线的客服人员），使他们都形成帮助用户的良好的行为习惯。

"（2）相信和支持员工的判断。鼓励他们大胆地去做自己认为对用户真正好的事情。比如提供'好的/不好'的信息'合适但却不过度'的会员制介绍，去帮助用户理智地做出真正对他们有利的购买决定，而非对亚马逊有利的选择。"

听完这番总结性发言，我沉思了好久，然后抬头问了最后一个问题："请问这番被你们奉若神明的言论是哪个疯子说的？"

"哈哈哈，Peter，这个疯子叫杰夫·贝佐斯，就是这家公司的创始人，哈哈哈哈……"

行为：每一位员工都以帮助用户为唯一己任，而无须关心 KPI/通话时长/好评差评/转化率——这就是最佳用户体验的基石。

结果：用户满意度/净推荐值（NPS）/营收/利润……这些都应该是水到渠成的产物，它们都是基于"正确的"员工行为而自然产生的。

可是现实的情形又如何呢？连我这样的老江湖都曾经天真地以为：用结果（给每个员工设定 KPI，胡萝卜加大棒）去引导结果（最佳用户体验），才是最靠谱、最高效的方法。可是这样导出的结果真的可靠吗？

有的基层员工为了能拿到奖金拼命做假数字来欺骗中层管理层，然后中层管理者闭着眼睛拿这些假数字去向高层领导邀功，高层领导不知道是装糊涂还是为什么，装出一副兴高采烈的样子欢庆"胜利"。至于外部的用户是否真的满意，用户体验真的提升了没有，那就无人关心了。

关注"投入（input）"而非"产出（output）"，这就是亚马逊驱动运营结果的核心理念，这其中就包括用户体验的提升。Prime 会员体系也同样是靠着这套逻辑一步步做大做强的，现在亚马逊在全球已经有数以亿计的注册会员，每年给亚马逊贡献了超过数十亿美元的收入，注意，这可是先缴费的！

6.2 塑造优秀员工的行为习惯画像

相信上节关于"用行为引导结果,而非用结果引导结果"的内容,一定会让不少企业经营者很震惊,因为这种思维方式和他们平时用以提升用户体验的方法颇为不同。但震惊归震惊,他们却并不会立刻采取行动,这是因为他们内心还有一个疑虑没有被打消,那就是:

"行为习惯"这种看不见摸不着,又非常主观的东西该怎样纳入日常的运营管理中呢?比如说,在考评员工的绩效和各部门的工作成果时,该怎么用"行为"去做比较和评判呢?我们总不能说"这个员工的行为习惯很好,所以要给他多发奖金;而那个员工的行为习惯很糟,所以要被开除",如果这样,企业不就乱套了吗?!

其实这种担心根本没有必要,因为接下来我就要从三个方面,分步骤地讲解怎样在企业管理中将这种正确而又独特的理念付诸实现:

(1)何为"行为习惯"?

(2)如何给优秀员工做行为习惯画像?

(3)如何让每位员工都具备这种优秀/正确的行为习惯?

6.2.1　行为习惯是知识、能力、意愿的合体

首先让我来解释一下何为"行为习惯"。行为习惯是一种自动化的行为方式，是当人们遇到外界的刺激时，不假思索或者本能地做出的一种反应，它包括自动化了的动作或行为，也包括思维、情感的内容。用更加通俗的话来说，行为习惯其实是三者的结合：

（1）我知道应该做什么，以及为何要做——知识。
（2）我有能力把应该要做的事情做对——技能。
（3）我渴望完成这个工作——意愿。

拿员工在用户体验的提升上应该做出的反应来解释：首先员工必须发自内心地认可公司的"愿景、文化、使命和价值观"，而且知道这样做是对企业和个人而言都正确的一件事——这叫知识；可是员工仅仅知道要做什么还不行，他们还需要具备完成这件事情的能力，这时候组织就需要给他们赋能，比如开发工具、设计业务流程、提供专业技能培训；除此之外，还有一点也绝不能忽略，那就是一定要建立与之配套的 KPI 设置、绩效考评机制以及奖惩、荣誉和激励计划，这样才能让每位员工在面对用户时，无论是意识上、行动上还是积极性上都能做到一切以用户为出发点，帮助企业做好最佳的用户经营。

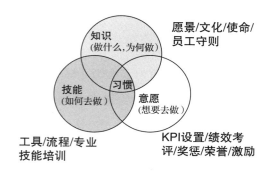

道理听着并不复杂,可是落地实施就没那么容易了。大部分企业经营者在听到这里时,都会一边点头表示认可,一边又深感担心,因为不知道该如何通过量化、科学的管理方法来实现。比如说怎样定义"以用户为中心的行为习惯"?定义好了之后又该怎样在全体员工中推行?该如何评估员工的行为好坏并给予相应的奖惩?

6.2.2 为员工做行为习惯画像的步骤

接下来给大家讲解一个我实际操作过的案例,相信通过这个案例的介绍和点评,能给管理者们一些具体的启发和指导。这个案例的名字叫作:如何通过定义、培养和奖惩印度区客服人员的行为习惯,来帮助公司提升用户体验(以行为引导结果)。

亚马逊自2013年开始进军印度,当时的印度电商市场还很不成熟:在线支付、仓储物流、网络建设都比中国落后很多,如果这些支撑电商发展的核心因素不具备,那么网购的用户体验是不可能好的,此时就需要后台的运营团队付出更多的人力、物力和财力做支撑。举例来说，因为印度全国物流体系建设的滞后（全国的高速公路网、跨邦的运输管理、车辆状况……），再加上亚马逊刚刚进入这个新的市场，自身的仓储物流系统还不完善，这些因素交织在一起，就造成了印度区用户订单的延误、丢失、破损比例一度居高不下，给后台的客服中心造成了很大的压力。

我以"用户投诉占订单的比例（Contact Per Order，CPO）"为例来说明，让大家体会一下当时我在印度区所面临的巨大压力。当其他国家的CPO都在4%左右徘徊时，印度区的CPO却长期高达20%，遇到大促活动时甚至会飙升到35%~40%。巨大的电话量，再加上前端零售部门一系列"凶猛"的促销活动，让我所在的客服中心一直处于飞速膨胀的状态，人员规模从一开始的100~150人，在两年之内一路飙升到8000~10000人！随着队伍规模的不断扩张，人员服务质量的保证和提升，就成了一个亟待解决的问题。这一点从用户满意度调查中的反馈，就能很明显地看出来。

看着"用户满意度"指标一路飘红，我深感忧虑，于是赶忙召集印度客服中心的管理组开会，讨论该如何采取行动解决眼前的问题：在团队飞速扩张的同时，保证客服人员的质量和服务水平，从而最终提升印度区用户在亚马逊平台购物的体验。

通过上节的内容，我们知道亚马逊是一家遵循以行为（树立员工帮助用户的正确行为习惯）引导结果（用户满意度数字/用户体验水平）的公司，于是按照这种逻辑，我们很快达成了共识，立刻按以下三个步骤采取了行动：

（1）寻找 200 名优秀员工。

（2）通过"优秀行为画像（Behavior Profiling）"，定义"正确的客服员工的行为习惯"。

（3）以培训、评估、奖惩为手段，在全体员工中推行正确的行为习惯。

首先我们通过数据和行为性的描述，找出了整个团队中行为习惯最优秀的 200 名客服代表，其标准为：

（1）在过去的一年中用户满意度得分最高。

（2）电话监听的评估得分最高。

（3）用户表扬最多/反馈最佳。

在找出这 200 人之后，我们开始从以下四个维度，给他们的行为进行"画像"。

如何定义"行为"：优秀员工行为习惯画像

基本素质：学历/经验/背景/通用能力/性格特质……
服务习惯：通话时长/话术/"按灯"/的数量和质量/
　　　　　　是否给用户补偿……
培训/赋能：参加过何种培训/资格认证/级别……
奖惩/发展：奖励机制/晋升通道/岗位分工……

看到这里，大家开始有所感悟了吧？其实行为习惯这种东西一点都不虚，只要你找对了方法，同样可以像其他的管理工具一样，进行量化的描述和管理。比如说第二条"服务习惯"，就可以具体到数字：通过我们对200名优秀员工的数字分析，发现他们的通话时长非常一致地落在4分钟到4分钟30秒之间，而其他员工的通话时长，却呈现出明显的离散性分布——长的长短的短。为什么？这时候我们就开始更加深入地监听和分析他们的对话，最后找出了最佳的话术：如何开场？怎样道歉？如何引导用户找到解决方案？最后怎么结尾？等等。

还有就是"是否给用户金钱上的补贴"这个问题。在给这200名优秀员工做行为画像之前，几乎所有人都下意识地认为，满意度高的员工花的钱一定比别人多，比如会更加轻易地给用户补贴、办理退款、发放优惠券和免费商品……说白了，就是拿钱买好评。可是在做完全面的分析和比较之后我们才发现，其实这些人处理每个投诉的实际花费远远少于平均数！这个发现当时让我们颇为不解，最后经过一番深入的调研之后我们才发现，其实用户真正关心的不一定只是解决方案本身（钱/商品/打折……），还有许多其他的诉求：感同身受，尊重，发自内心地赞赏他们专业水准的建议，认可并鼓励他们的参与感，给他们提供分享和帮助他人的机会，等等。于是我们赶快增加了有关"同理心"的培训，并开发出"用户帮助用户"的网络应用，引导客服代表向这 200 名优秀员工学习，并给他们提供相应的工具和帮助。

在告诉了员工"什么是对的"（优秀员工行为画像）之后，接下来管理人员要做的就是给员工赋能——培训、开发工具、设计流程。这时候我们推出了一系列有针对性的培训项目，并调整了原有的培训计划，还上线了新的员工发展路径图，以及与之配套的资格认证体系和标准，以期提高培训的质量和效果。同时开发了不少可以帮助客服代表缩短寻找解决方案时间的 IT 小插件，并重新设计了许多更利于用户使用的在线自助服务工具，这一切改变都让一线员工深感兴奋：因为可以让自己很轻易地做到管理人员要求自己做到的样子，也就是优秀/正确的行为习惯。

最后请千万不要忘记，行为习惯的第三个要素是：意愿。行为习惯的培养，既需要培训，也需要奖励和惩罚，这就要求管理人员设计出正确的 KPI 和评估机制，利用科学有效的方法，鼓励和宣传好的行为，同时训诫错误的习惯，这样才能让每位员工在接起用户电话的第一秒钟开始，如同条件反射般地、本能地做出关心用户、帮助用户的正确行为。

所以说，"以行为引导结果"是虚的吗？其实一点都不虚，只要你按照本节的这几个步骤逐一进行落实，那么每位员工——尤其是一线员工——乐于帮助用户、关心用户的正确/优秀的行为习惯，最终就能在你的组织中成功地建立起来。

6.3 关注长远的目标

前文我们提到的第三个要素"理念和文化"一共包括两个知识点:"以行为引导结果" + "关注长远的目标"。想必大家还对亚马逊独特的提升 Prime 会员转化率的思维逻辑记忆犹新吧。谈完了"以行为引导结果",那么接下来我再逐层讲解一下"关注长远的目标"这个问题。

6.3.1 杰夫·贝佐斯两亿元的大"玩具"

说到"关注长远的目标",首先在我的脑海中出现的并不是亚马逊的那些独特的管理工具和方法,而是其创始人的一个奇葩小爱好:万年钟。

根据公开的报道,杰夫·贝佐斯个人投资了 4200 万美元,计划在美国得克萨斯州西部的群山之中,建造一座能运转上万年的时钟,并将其命名为"万年钟"(10000 Year Clock)。按照计划,时钟建成后高达 500 英尺(约 152 米),差不多是 50 层楼的高度。时钟的全部动能来自温差发电机,山洞外和山洞内的温差可以支撑时钟的时刻转动,并且通过"太阳同步器"(Solar Synchronizer)来自动调整误差。

亚马逊的创始人为何要花几亿元人民币去修这个看起来没什么用的钟呢?要知道这个钟里面走的最快的那根秒针转足一圈也要等 100 年啊。是因为他的钱实在多得没地方花吗？其实是杰夫·贝佐斯希望借此来提醒大家，关注长远的目标。

"这是一座特殊的时钟，象征着人类对长远未来的思考。"杰夫·贝佐斯在万年钟官网的一篇博文中如是说。

这种执着的思维方式并不仅仅体现在造他的"玩具"上，在他创立的亚马逊内部，这一条准则同样贯穿于企业经营的方方面面，这其中就包括用户反向驱动机制的建立，也就是"文化和理念"的第二个知识点：关注长远的目标。

6.3.2 "重复购买提醒"+"用户评论"

关注长远的目标，在亚马逊可不是随便说说的，而是说到做到，其应用在公司中随处可见，比如下面这两个网站上的小功能。

1. 不关心眼前利益的"重复购买提醒"

比如因为我们自己的记性差，以至于一个不小心，上网买了一本两年前曾经购买过的书，请问：我们会不会上这家公司的网站去投诉他们，而且一定要他们给退款，否则就去大闹一场？

我想多数人应该都不会这样做吧？因为这家公司并没有做错什么，从头到尾都是我们自己的原因造成的。

但是在亚马逊看来，放任这种事情的发生，就意味着用户的利益受到了损害——即便这不是自己的原因，那也不允许！于是一个在其他人眼里"出力不讨好"的工具应运而生，这就是"重复购买提醒"。

每次当我在课堂上和企业经营者分享这个小故事时，我都会问大家："请问你们有想过在自己的企业做这种'违背'常理的事情吗？"每当这时，教室里都会鸦雀无声，因为这种思维方式确实是超出很多人的想象了。

其实不只是"重复购买提醒"，类似这种"不顾眼前利益"的做法，在亚马逊还有不少，比如说下面这个网页上的功能。

2. 不灌水、不删帖、不改排名的用户评论

亚马逊是用五颗星来标注用户评论的等级的：一颗星为最差，五颗星为最好。

其实用户评论并不是亚马逊首先发明的，但亚马逊坚持不删帖、不灌水、不改排名，原汁原味地将用户评论放在产品页面中，供用户在购买时参考。大家千万不要以为

第6章 要素3：文化和理念

这只是个简单的信息呈现方式——就如同商品照片、商家介绍、技术参数一样，其背后的逻辑可是源自于杰夫·贝佐斯的极其睿智和有前瞻性的经营理念，叫做：关注于和用户建立"信任的关系"，而非"获得眼前的利益"——套用他本人的话来说，这就是：

"我们不是通过卖东西赚钱的，我们是通过为用户提供好的/不好的信息，以期帮助他们做出一个购买决定而赚钱的。"

从20多年前销售图书起家，亚马逊的商品现在已经涵盖从图书到百货，从数据运算（AWS）到电子阅读（Kindle），再到最先进的AI语音识别音箱（Echo/Alexa），其商品种类全部加在一起应该有三四亿种了，而且其中不乏极具创新意识和颠覆精神的发明创造。但即便如此，在杰夫·贝佐斯的眼里，这一切都不是亚马逊伟大商业帝国的核心竞争力和价值，因为无论商品多么好，都是可以被复制、被替代和被超越的，但是有一件东西却永远不会被竞争对手抢走，那就是：与用户建立起来的信任关系！

即便因为看了差评，用户可能会立即放弃眼前这个商品（短期的利益），但是与此同时，这种真实、客观，完全从用户视角提供的"信息"，却会在用户的心目中慢慢地建立起一种坚定的信念，那就是：

亚马逊是一个值得信赖的商家，因为它给我提供的信息都是真实可信的，这是一家真正以用户为中心的公司，所以在它这买东西不会上当受骗。

6.3.3 关注长远的"是"与"不是"

道理很简单,但要想真正做到绝非易事。这需要企业从上到下都建立起关注长远的思维方式和行为习惯,而这也是和"以行为引导结果,而非以结果引导结果"相辅相成的。因为全体员工乐于关心用户、帮助用户的正确行为习惯,绝不是一两天就能改变和建立起来的,它需要企业的各级管理者有足够的耐心和持之以恒的坚韧毅力,即便这么做可能在短期内也并不会见效(数字结果),但只要你5年、10年地不懈坚持,那么一旦这种宝贵的/正确的行为习惯最终被牢固地树立起来,那你想要的那种终极结果(用户体验/企业增长/商业回报),就会水到渠成地到来。

那么除了这两个亚马逊的实际案例,所谓的"关注长远的目标"在企业当中还体现在哪些方面呢?下面这张图就是个全面的答案。

什么叫做"关注长远"

	不是	是
销售	短期的利益	信任/关系/价值
招聘	拿钱挖人	员工培训/发展计划
商业决定	赚不赚钱	符合文化/价值观
衡量指标	KPI	OKR+KPI
创新	成本	价值/成功的一部分
并购	促成变革	变革的加速器

从图中大家可以看出，其实关注长远这种理念贯穿于企业经营的方方面面：从前端的市场营销到后端的 KPI 设置，从人员招聘到商业决定的做出，都需要遵循这种思维方式，这其中就包括如何看待创新。

如果创新失败了，那它究竟是浪费的"成本"还是获得的"价值"？

记得在加入亚马逊之前，我一直都是这样看待创新的：

如果创新最终成功了，那么它就是价值，因为能够被用户接受并给企业创造价值；

如果创新失败了，那么它就是成本，因为之前投入的人力、物力、财力都打了水漂，并没能最终转化成商业回报。

可是加入亚马逊之后我才发现，原来创新还有另外一种解读，那就是：创新无论成功与否，都可以给企业创造价值，都是成功的有机组成部分，因为是用户要求我们这样做的——用杰夫·贝佐斯的话来说，所谓的"以用户为中心"，其正确定义为：

"倾听用户的声音，但不要只是倾听——更重要的是代表他们来发明创造。"

而这种发明创造，可以有两种方式：

方式一：从现有的核心能力出发，提升/拓展。
方式二：从用户未来的需求出发，勇敢地进入未知领域。

毫无疑问，亚马逊用自己的实际发展历史告诉了我们，他们是旗帜鲜明地走了第二条路：

（1）商品种类：从图书到 Media（纸质书/CD/VCD/DVD……），再到百货、家电、食品、珠宝、家具……甚至游艇、汽车——因为用户需要一个"万货商店"。

（2）业务类型：从纸质书到电子书及电子阅读器。

当亚马逊推出 Kindle 时，其 Media 类商品的营业额占总营业额的比例远超 50%——因为年轻一代的用户阅读习惯的改变。

（3）商业模式：AWS（云计算）。因为企业（尤其是初创公司）需要一种集数据运算、数据备份、数据存储等为一体的解决方案——用通俗的话来说，就是少花钱多办事，于是亚马逊发明了 AWS，极大地满足了企业用户对于未来的数据管理的期待——因为企业用户的经营和发展需要。

（4）科技创新：智能音箱（Echo/Alexa）。在人工智能时代广大用户需要一种简洁普适的技术解决方案和实物载体，来享受技术创新带来的好处和价值，于是亚马逊通过 Alexa 语音识别应用技术，再加上 Echo 智能音箱，打造了一个巨大的人工智能应用平台——满足所有用户渴望美好生活的需要。

6.3.4　乐于被误解的亚马逊创新

为了用户未来的需求而进行发明创造，可不是仅凭情怀就能做成的，你还需要关注长远的目标——这一点

第6章 要素3：文化和理念

杰夫·贝佐斯一向都做得很不错，从下面这件小事你就能清楚地看出这一点。

几年前亚马逊曾经大张旗鼓地推出了自有品牌的手机，杰夫·贝佐斯亲自为它摇旗呐喊，商业分析人士以及行业专家也纷纷为其助攻，宣称其是"亚马逊未来商业版图中举足轻重的一枚棋子，对于打通整个经营生态——从零售到流媒体，用户数据的全链条对接，以及抢夺更多移动场景，都将起到极其重要的作用……"

可没过多久，残酷的现实就狠狠地打了亚马逊一个耳光，这款名为 FirePhone 的手机最后黯然退出市场。有个记者"不怀好意"地问杰夫·贝佐斯：

"请问杰夫，亚马逊的这款手机，是不是有史以来数目最大的一笔失败投资？"

正当媒体打算看杰夫·贝佐斯的笑话时，没想到他居然用下面这段话狠狠地反击了回去：

"这次的'失败'投资是不是历史上金额最大的我不确定，但我能确定的是：它绝对不会是亚马逊最大的'失败'投资——因为我们还会有下一次……"

关注长远的目标有时候是个痛苦的选择，因为这意味着你必须要在短期利益和长期价值之间做出取舍，我知道很多企业家都不想回答这个难以回答的问题，因为他们总幻想着会有二者兼顾的答案，不知道他们的想法到底能不能实现，但是如果你去问杰夫·贝佐斯的话，他的答案将

非常简单,那就是:

"我会告诉人们的一件事是,如果你想要去创新,那么必须愿意接受被误解。如果你不能接受被误解,那么就不要去做任何创新的事情。"

下图为亚马逊在过去 20 年里失败的创新项目清单。

序号	重大失败(中文部分为作者备注)	上线时间	终止时间
1	Amazon Auctions(亚马逊拍卖平台,类似 eBay)	1999	2000
2	zShop(Marketplace 第三方平台的前身)	1999	2007
3	A9 search portal(搜索平台)	2004	2008
4	Askville(问答平台)	2006	2013
5	Unbox(提供视频购买及下载服务)	2006	2015
6	Endloss.com(高端服饰平台)	2007	2012
7	Amazon WedPay(免费转账平台)	2007	2014
8	PayPhrase(快速支付系统)	2009	2012
9	Webstore(帮助中小企业自建在线销售平台)	2010	2016
10	MyHabit(时尚品类平台)	2011	2016
11	Amazon Local(本地生活服务平台)	2011	2015
12	Test Drive(付费应用免费试用服务)	2011	2015
13	Music Importer(线上音乐存储平台)	2012	2015
14	Fire Phone(线上音乐存储平台)	2014	2015
15	Amazon Elements Diapers(亚马逊自营婴儿纸尿裤品牌)	2014	2015
16	Amazon Local Register(亚马逊移动便携 POS 机系统)	2014	2015
17	Amazon Wallet(亚马逊钱包)	2014	2015
18	Amazon Destinations(亚马逊在线旅游服务)	2015	2015

6.4 亚马逊"用户至上"的企业文化

所谓关注长远,其实最好的落脚点,就是关注与之相适应的企业文化的建设,在这一点上,世界上有不少先进的企业都做出过有益的尝试。接下来我就先以亚马逊为例,从三个方面全面地给大家讲解一下,它是如何通过文化的建立,来将"做地球上最以用户为中心的公司"这个伟大的愿景落地的。

6.4.1 旗帜鲜明地定义公司愿景(对内)

亚马逊以一种颇为诙谐幽默的方法,大张旗鼓地喊出了"痴迷于用户体验"这个口号,甚至不惜将爱因斯坦都搬出来为其背书见下图。

如果你以为亚马逊只是想做标题党,那你就大错特错了,因为接下来它用一连串凶狠扎实的组合拳,将这个伟大的愿景打进每个人的心中。

愿景:痴迷于用户体验

Earth's Most Customer Centric Company
做全地球最以用户为中心的公司

Emc^3

6.4.2 致股东信 (对外)

亚马逊成立于 1995 年,很快就顺利地上市了。按照惯例,每家上市公司都需要定期向股东通报企业动态,比如经营状态、重大商业调整、人员变动、未来预测等。亚马逊就充分地利用了这个对外沟通的重要渠道,在公司成立之初,就斩钉截铁地将自己最重要的两条经营理念昭告天下:

亚马逊1997年致股东信

amazon.com

（图中批注：关注长远的目标；痴迷于用户体验）

上图是亚马逊历史上的第一封致股东信,在这封只有几页纸的致股东信当中,杰夫·贝佐斯向他的股东们清晰地传递了一个信息:亚马逊是一家痴迷于用户体验的公司,我们所做的每一件事,都在于给用户创造价值。而要想真正地实现这个伟大的目标,我们就必须关注长远,即便这样做有可能伤害眼前的利益也在所不惜。所以如果你想投资于秉持这种理念的企业,那么就做好它有可能长时间没有盈利的准备。

杰夫·贝佐斯是这样说的,亚马逊最后也真的是这样做的:在这之后的20年里,亚马逊一路"亏损"(从年度财报来看)。但令人奇怪的是,它的股价却飙升了数百倍,究其原因,就在于它很聪明地在当期亏损和投资于未来之间玩起了"魔术":

其实一家企业最终是否能够基业长青,其根本并不在于账面利润（Margin）的高低，而在于其手中是否握有可投资于未来（Invest on Future）的自由现金流（Free Cash Flow）。

（1）自由现金流：让企业日常运营的生命体征保持健康良性。

（2）投资于未来：让企业永葆竞争力，给股东和资本市场充分的想象空间。

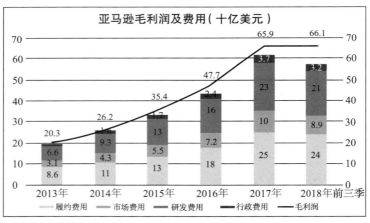

（来自于网络公开数据）

从上图我们可以清晰地看出，亚马逊将几乎所有当季的利润都用于了未来的投资也就是柱状图，其中"履约费用"是指仓储物流、运营体系的超前建设；"研发费用"是指科技创新。

从短期来讲，股市是投票器；但从长期来说，股市是体重计。理解了这一点，你就会明白，为什么亚马逊连续亏损20年，但华尔街和众多的股票投资者却一路被其"绑架"，心甘情愿地追随着亚马逊，就是因为他们看好其未来，这家公司不是不具备赚钱的能力，如果亚马逊想实现当期盈利，那是非常容易的事，但他们就是不做，因为这不符合亚马逊的核心经营理念：

（1）痴迷于用户，一切以用户为中心。

（2）关注长远的目标，为用户提供更多的价值。

6.4.3　亚马逊14条领导力原则（定义行为规范）

对内对外的宣传要做，但更要做的是将其与每个人建立关联，让每位员工都懂得这些美丽的愿景对自己意味着什么。为了做到这一点，亚马逊特别开发出了适用于每个人的行为准则，这就是亚马逊14条领导力原则（Leadership Principle）：

（1）用户至尚（Customer Obsession）。

第6章 要素3：文化和理念

（2）主人翁精神（Ownership）。

（3）创新简化（Invent and Simplify）。

（4）决策正确（Are Right, A Lot）。

（5）好奇求知（Learn and Be Curious）。

（6）选贤育能（Hire and Develop the Best）。

（7）最高标准（Insist on the Highest Standards）。

（8）远见卓识（Think Big）。

（9）崇尚行动（Bias for Action）。

（10）勤俭节约（Frugality）。

（11）赢得信任（Earn Trust）。

（12）刨根问底（Dive Deep）。

（13）敢于谏言 服从大局（Have Backbone; Disagree and Commit）。

（14）达成业绩（Deliver Results）。

所谓的领导力原则，简单说就是一系列场景化的行为习惯，它规定了你在这种场景下，要做什么不做什么，以及最后要达到什么样的结果。

讲到领导力原则，或者企业文化、愿景、价值观、使命等，大家可能都不以为然，因为这些东西几乎成了每一家规模化企业的标配。但其实在每个人的内心里，却并不一定真的认为这些东西对我们的实际意义和帮助有多大，这是因为对于很多企业来说，企业文化不过是一种贴在墙上的标语，真正到了日常运营中，其实际的作用并不大。

6.4.4 "宪法"—"专门法/行政法规" —日常工作：落地三部曲

那么亚马逊是如何把"做地球上最以用户为中心的公司"这句话实实在在落地的呢？其秘密就在于它找到了一套三段式的逻辑，然后用 14 条领导力原则做载体和工具，通过以下步骤实现这个目标。接下来我就分三个步骤来给大家详细讲解，如何将 14 条领导力原则放到具体的工作场景中，来指导每个人的实际行动。

第一步：设计和宣传"宪法"——14 条领导力原则。

领导力原则是基本的行为准则，它就像一个国家的宪法一样，是定义基本面和大方向的。但在日常的工作中，是无法拿来直接"判案"的，这时就需要想办法将其往可操作上靠。于是在亚马逊，另一种更详细的行为准则就出现了，就叫信条（Tenets）。

第二步：制定"专门法/行政法规"——各部门的信条。

亚马逊要求每个部门在深入领会 14 条领导力原则的前提下，结合本部门的实际业务和职责范围，制定出相应的"部门信条"，这样就能把看似飘在空中的"原则"，分解成了每个部门都需要践行的更加细化的行为准则，这样就能保证公司的大目标和部门的小目标能有机统一，同时相互支持。

举个例子来说，客服部门通过对自身业务的分析和理解，设计出了6条服务信条，这其中就包括"坚持不懈地倡导用户至上""信任我们的用户并信赖我们的员工做出正确的判断""预估用户的需求并神圣地对待用户的时间和关注点""为用户提供他们钟爱的个性化、与众不同的体验""通过持续和系统化的方法，消除缺陷，提供自助化、自动化及专家级的客服支持来降低用户的费力度"。

从这些具体的信条中我们不难看出，里边也有高大上的口号，但更多的是实实在在的、与本部门工作职责相关的内容，这样部门中的每个人执行起来才不会觉得虚。

第三步：与日常工作紧密挂钩——亚马逊记叙文。

亚马逊内部有个独特的沟通工具叫作"亚马逊记叙文（Narrative Document）"，每次开会时大家是不看PPT的，也没有人站在前面做呈现，而是每个人先读记叙文，然后直接进入讨论环节（具体的细节内容我会在专门的章节中进行讲解）。

在这个被广泛地应用于所有会议场景中的文件的第一页，抬头的位置，醒目地写着召集会议部门的"信条"。

记得我刚加入亚马逊时，看到每份记叙文上都印着这种"口号味"十足的标语，确实感到挺虚的：就跟我第一次看到"空椅子"时的感受一样。可是几年下来，在经历了无数次真实的冲突后，我才发自内心地相信：其实所谓形式主义，也一样会产生巨大、实在的价值——如果每个人都能坚持不懈地做对/做好的话：

（1）在会议中遇到了争执，大家不知道该何去何从时，就立刻停止无谓的争论，一起回归初心（信条），看看什么是行为准则要求自己做的。

（2）当很难下决心做出合理的商业决定时，就合上会议文件翻到第一页，问自己和所有的与会者一个简单的问题：如果用户今天来到了现场，我们该用什么样的逻辑和行为方式，满足他们的要求和价值诉求？

（3）当我们在做未来的发展计划、制定公司的重大战略、设计下一代产品和服务，感到迷茫和困惑而手边又没有更多的指引和帮助信息时，我们就可以拿起手边的记叙文，一边看着第一页的信条，一边问自己：我现在的想法和做法符合我们的服务信条吗？

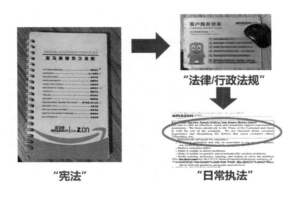

"宪法"　　"法律/行政法规"　　"日常执法"

关于文化，我一直都有一个或许"偏激和主观"的看法,那就是:你的企业文化是否伟大其实并不重要,重要的是你的员工信不信,以及愿不愿意去践行它。如果文化只是看起来很美,但却没有一套切实可行的方法让它真正落地,那么这种文化不要也罢,否则只会浪费你的咨询费,还会给员工增加不必要的负担——因为要背诵考试,还要组织竞赛。

6.5 "一次给你三双鞋"

在上节中我以亚马逊为例,分享了怎样通过三段式的流程,将"痴迷于用户"和"关注长远的目标"的独特文化在亚马逊落地的故事。其实除了亚马逊,还有一家公司在落实"以用户为中心"的企业文化上颇有些令人匪夷所思的打法,而且效果非常显著,那么接下来我给大家介绍一下这家独特的公司:美捷步(ZAPPOS)。

6.5.1 美捷步令人称奇的服务

在美国,如果提起美捷步,相信许多人都不会陌生,因为这家专门经营鞋靴的垂直电商公司以其出人意料的用户服务而广为人知,其中最著名的故事有以下三个。

1. "一次给你三双鞋"

在网上买过鞋子的朋友应该都有这样的困扰,那就是不知道尺码是否合适:因为就算是同样的鞋号,但不同品牌、不同设计风格的鞋子还是会有可能穿在脚上不舒服：紧了、松了、硌脚……因此买到不合适的鞋子就会给自己惹上不少的麻烦：退款和退货流程是不是复杂运费到底谁出？万一卖家不接受怎么办？

"如果从用户体验的角度来设计，那么最让用户满意的解决方案应该是什么呢？"每次讲到这里时，我都会首先卖个关子，问学员们这样一个问题。于是各种答案就出现了：

"先寄一双免费试穿！""包退换货的邮费！""把尺码描述得更清楚一些！""做一些样品鞋发给用户试穿！""派人拿着鞋上门让用户试，合适了再买！"

其实这些主意都还不错，但还是会给买鞋的用户多多少少增加一些麻烦，那还有没有更能体现"用户导向"的方法呢？

有！美捷步的做法就很好地解决了这个问题，那就是：**一次给你寄三双鞋，试穿后你只需要留下合适的那双，其他的退给我，邮费我出！**

2. "对不起现在缺货，我给您三个网站链接，请您去友商那里买吧"

请设想一下如果你遇到了以下场景，作为一名消费者，你期待的最佳解决方案是什么？

明天是你好朋友的生日，你打算上网买一双他期待已久的限量版的鞋当礼物，可是打开美捷步的网站一看：缺货！于是你连忙给客服中心打电话进行确认，结果客服代表在系统里查找后确认，确实目前没货。

这可怎么办啊？明天就是好朋友的生日，而且这种限量版的鞋特别难买，除了美捷步，我也不知道该去哪里买啊！

就在你拿着电话手足无措时，美捷步的客服代表说话了：

"亲爱的用户别着急，我知道这份礼物对您非常重要，很抱歉我们公司现在缺货，但是我刚才在全网搜了一圈，结果在×××、×××和×××上帮您找到了这款鞋，现在我马上把购买链接发给您，请您去他们那边买吧！提前祝您的朋友生日快乐！"

按照美捷步的规定，如果因为缺货而无法满足用户的需求，那么客服代表需要立即建议用户去别家购买，并帮助用户找到至少三个有货的购买链接。

3．"我肚子饿了，请问哪里可以买到比萨？"

随着美捷步各种让人惊叹用户服务小故事的传播，它的名气越来越大，这不禁吸引了众多媒体的关注和报道，在一次采访的间隙，一位记者和谢家华（美捷步的创始人）的无心之举，制造出一段佳话。

这位记者的初衷是想去找谢家华核实坊间流传的故事的真实性，当谢家华告诉他这确实是真事时，这位记者不禁将信将疑，俗话说得好：眼见为实耳听为虚，于是他突发奇想，对谢家华说："既然美捷步的客服代表一切都以用户为中心，毫无保留地满足用户的所有需求，那么如果我现在打电话去提一个跟买鞋子无关的需求，你的客服代表还会帮助我吗？"

这个主意有趣啊！谢家华也不知道究竟会发生什么，于是两个人就以用户的身份拨通了美捷步的客服热线：

"对不起，我们是卖鞋子的美捷步公司，请问您确定是要问哪里能买到比萨吗？"当客服代表听到冒充成消费者的记者想要买比萨时，确认道。

"我知道你们是美捷步，其实平时我也经常在你们的网站买鞋子，但今天我打电话不是为了买鞋，而是因为肚子太饿，但我又不知道本地哪里有好吃的比萨店，你能帮帮我吗？"

在客服代表确定这不是恶搞自己的无聊电话，而是用户"真实"但却和业务无关的需求之后，他犹豫了一下，随后回复道："好的，那请稍等一下啊，我马上帮您查一查。"说完后客服代表就按了静音键。

谢家华和记者就这样一直在线等待了好一阵子，就在他们以为不会有下文了时，那个客服代表带着兴奋的语气回来了：

"对不起先生，让您久等了，我刚才通过上网搜索以及询问身边的同事，帮您找到了几家颇为不错的比萨店，请您拿笔记录一下,稍后去试试吧,祝您吃得开心!"

相信大家听到这里,会有点疑惑吧,放着好好的生意不做,搞些"花里胡哨"的服务项目,这样的公司真的会有前途吗?

当然有!美捷步就是靠着这种令人惊叹的服务,一路做成了全球最大也是最成功的专卖鞋子的垂直品类电商公司,并于2009年被亚马逊以12亿美元全资收购,当时创下了美国电子商务史上的最高收购纪录,其独特的商业案例还被三次写进了哈佛商学院的教材。

记得我还在亚马逊时,曾经听参与收购美捷步的同事聊起过,为何杰夫·贝佐斯对这家公司如此感兴趣,原来秘密就在于,杰夫·贝佐斯对这家公司在用户经营和企业管理上的许多理念和方法十分认可,甚至觉得在某种程度上,它比亚马逊还厉害,以至于收购过后,亚马逊完全放任谢家华按自己的方式独立地经营美捷步。不仅如此,杰夫·贝佐斯还把美捷步的一些独特方法运用到了亚马逊的经营当中,比如说"员工离职奖金"。

美捷步规定,新员工在培训后如果感到不适应可以立即提出离职,这样就能获得4000美元的奖金。于是亚马逊迅速将这一做法学了过来,规定每年给员工一次选择离职的机会,如果员工愿意离职可以拿走2000~5000美元不等的奖金,如果不愿意走,可以继续工作——这样做的目的,是让员工有机会思考自己真正想要的是什么。因为长久来看，把员工留在他不情愿待的地方无论对于他本人还是公司来说，都不是一件有益的事。

6.5.2　美捷步文化书的由来

美捷步的客服人员为何如此关心用户？这家公司又是怎样在公司各个层级牢固地建立起"一切以用户为中心"的思维方式和行为习惯的呢？以我的深入观察和亲身经历，其核心就在于，美捷步找到了一个打造和贯彻极致用户体验文化的绝佳方法。

美捷步在创立之初一直没有成文的"企业文化"，因为谢家华不喜欢那种大公司的庸俗套路：创始人某天突发奇想，总结出了几条"金句"，于是赶快让秘书记下来交给高管们讨论，再请人润色一番，最后刻在金字招牌上昭告天下，于是企业文化就搞出来了！

据我的观察，以这种方式建立起来的企业文化一般都缺乏根基，而且很难与员工的日常行为挂钩，因此看起来确实很美，但基本上都没什么用。正是因为谢家华清楚地看到了这一点，所以他不愿意重蹈覆辙。直到有一天，一名员工给他出了个主意，才令其茅塞顿开，"发明"出了美捷步历史上的第一本"文化书"。

"为什么我们不能让每位员工都写一句话，将他们眼中的美捷步是一家什么样的公司描述出来，然后把它们都攒在一起打印成册，最后发给大家，这样我们不就有企业文化了吗?"

这真是个好主意啊!企业文化的本质意义不就在此吗?于是谢家华第二天就发出了一封给全体员工的电子邮件,鼓励大家将心中的美捷步写出来,并不做任何改动地将这些话汇总在一起,在公司内部广泛发行。

这本小册子很快就被他们的合作伙伴(鞋子的品牌商/物流供应商……)看到了,于是他们纷纷要求:"能不能把我们眼中的美捷步也加进去呢?"于是这本书里又有了商业伙伴眼里的美捷步。

又过了没多久,用户也听说了这件事,于是也迫不及待地表示:"在我们的眼里,也有个好玩而又个性鲜明的美捷步,可不可以把我们的话也加进去呢?"于是这本书里就又有了用户的声音……

什么是企业文化?其实从本质上来讲,它就是一个组织里大家都需要遵守的一套共同的行为准则,它仿佛散发出一种奇特的味道,这种味道应该在每个人的身上都能闻得出来,并通过员工日常与用户的沟通和互动,将这种味道再清晰准确地传达到外部,最后这家公司的面貌就变得清晰起来了。

6.5.3 "品牌"与"文化"是一个硬币的两面

用谢家华的话来说,这就叫:文化和品牌,是一个硬币的两面。

品牌是文化的外在表现，用户对企业的品牌认知，其实是通过每一个与其接触的员工建立起来的。换句话来说，员工是什么样的，企业就是什么样的。用户不是靠看广告去了解你的企业的，而是通过观察你的员工。

而文化又是品牌的内化，是企业形象在每个人身上的折射，然后又汇集在一起，形成了一种共同的行为准则。

请大家试想一下，如果美捷步一边在内部对员工高喊着"我们要做地球上最以用户为中心的公司"，而另一边却在企业的实际经营管理中苛责员工、欺骗用户、唯利是图，那么这本文化书读起来该是多么别扭啊！

许多消费者都是因为听说了美捷步的文化书而了解和爱上这家公司的，并最终成了他们的"铁粉"，这真是一件令人啼笑皆非的怪事：因为在大部分人的眼里，企业文化从来都是一件费心、费力同时又没有什么实际回报的苦差事，可是美捷步居然把它做成了公司最好的品牌宣传，以及卓有成效的市场营销活动，这里面的奥秘确实值得每一位企业经营者深思。

6.6 麦当劳笨拙而又聪明的竞争

记得有次讲课时，我曾经问过一群创始人学员这样一个问题：如果只能让你们说一件事，那么你觉得在过去的20多年里，麦当劳在中国市场做的最成功的事是什么？

获得了巨大的商业回报，树立了餐饮行业极高的卫生和品质标准，建立了完善的运营和培训体系……这些答案其实都对，但也都不对，因为作为一名曾经的麦当劳员工，在我的心目中，答案只有一个，那就是：关注长远的目标，改变了中国一代人的饮食习惯！

6.6.1 麦当劳市场组的工作职责

我是1992年入职的麦当劳，当时全中国只有北京、深圳和上海有麦当劳的店。麦当劳是一家非常关注用户体验，且十分懂得巧妙地进行用户经营的公司。记得当年我以"见习经理"的身份刚进入餐厅没多久，就被分配到了市场组，开始跟着我的上级（餐厅第一副理）做起了一件当时觉得很没面子的事：和麦当劳的接待员一起照顾小朋友。

具体来讲，当时我们这个小组主要负责以下几方面的工作。

1. 画地图，走出去

首先在一份大比例尺的城市地图中，以餐厅为圆点，以步行5分钟、10分钟和15分钟的距离为半径,在地图中画三个圆,然后将这三个圆圈内所有的幼儿园和小学都标注出来,并以此为对象制定出一张详尽的"社区拜访表":周一去×××学校,周二去×××幼儿园,周三去×××……

要知道在20世纪90年代初,当时的商业气氛还不是很浓厚,学校对校企之间的合作也不是那么排斥,再加上麦当劳对小孩子们的吸引力——新奇的小玩具、美味的食品、会变魔术的麦当劳叔叔,这一切都令幼儿园和小学的大门很轻易地就被我们打开了。而且我们每一次去拜访时,也绝对不会做任何和商业回报挂钩的动作,而只是去让一群可爱的麦当劳小姐姐在教室里陪小朋友跳舞、做游戏,结束以后还免费给小朋友们发市面上买不到的小礼物(当然上面都有醒目的麦当劳Logo),最后还会热情地邀请学校的老师带着小朋友去餐厅参观。在此我要再次强调,所有这些活动都不需要幼儿园和小学花一分钱,而且我们也绝对不会提任何跟商业活动有关的要求。

2. 请进来,让孩子们享受欢乐和美味

通过主动出击,小朋友们早就按捺不住内心的激动之情,要求让老师带他们去麦当劳餐厅玩耍了;麦当劳还特地为孩子们精心准备了好玩的游戏,再加上那些新颖的带动唱和麦当劳叔叔的魔术表演又能极大地丰富和补充学校的课余活动,这种两全其美的事情学校的老师们怎么会不

喜欢呢？

于是等孩子们一到，各种精彩的活动就开始了，比如：

（1）店内参观（美味食品）。

让小朋友亲手做一个汉堡，同时通过麦当劳阿姨的讲解和实地参观，让他们亲眼看到麦当劳窗明几净的用餐环境，以及高标准的卫生控制。当然，最关键的是让他们看到各种令人垂涎欲滴的美味食品是如何制作出来的。

（2）带动唱/生日会/小礼物（欢乐体验+灌输品牌意识）。

麦当劳叔叔、汉堡神偷、奶昔姐姐……为了持续地吸引小朋友的注意力，麦当劳开发出了一系列专属卡通人物，其中最著名的就是麦当劳叔叔——据说在欧美市场，麦当劳叔叔在4~9岁孩子们的心中，是仅次于圣诞老人的第二个最熟悉的人物，他象征着麦当劳永远是大家的朋友。只要小朋友走进任何一家麦当劳餐厅，随处可见的Logo、海报、小礼物、儿童游乐区、游戏活动，都让他们无法逃脱这些可爱的卡通人物对你的360度"围攻"，再加上电视广告、平面媒体的轮番轰炸，小朋友们想不记得麦当劳都难！

3．培训和管理市场组（麦当劳接待员）

在麦当劳餐厅的员工中，那些可爱的接待员阿姨绝对是一群让人艳羡的存在：时薪高，工作相对轻松，每天就是带着小孩子蹦蹦跳跳，发发小礼物，所以当时颇受课余打工的大学生的喜爱。

6.6.2　为何如此接地气的打法最后却失败了呢

大家看到这里，可能会以为本节的内容是在讲麦当劳成功的市场营销和品牌宣传，但其实我的目的不在于此，之所以要在这里加入麦当劳的案例，是因为20多年前我的一段亲身经历。

从1992年到1996年，我在麦当劳一共待了4年：扫厕所、煎汉堡、炸薯条、开店打烊、排班订货、培训招聘……可说是练就了一身餐厅运营的好本领,这时就有人向我伸出了橄榄枝:一个原本做电器维修生意的大老板打算投资连锁快餐厅,给我股份邀请我加盟,让我负责所有餐厅的运营管理。

当时整个中国市场的麦当劳和肯德基的发展非常迅猛,餐厅开一家火一家,根本不用担心客流量的问题,于是这种火爆的市场需求就吸引了众多的投资者入局,想来分一杯羹,这其中就包括向我抛来橄榄枝的那位老板。

其实仔细想来,他的一些经营理念还是很有道理的,比如说关于餐厅未来食品风格的定位及市场发展战略,他的观点就非常实用、高效:

"我花钱请你来,就是要买你的连锁快餐厅的管理经验,但你千万别把麦当劳的那套'华而不实'的经营理念给我带过来!今后一切以市场为导向、以盈利为目的,我就不信,吃了一辈子面条和米饭的中国人,会真的接受和喜欢上汉堡和薯条?!只要我们坚持走中餐口味,再加上麦当劳先进的运营管理经验,以及我们独特的促销活动,打败麦当劳和肯德基,那就是早晚的事"

想想老板说的也对,于是我便雷厉风行地执行起这套更加适合中国国情的"发展战略"了。

(1) 首先就是把所有和餐厅营收无关的活动统统取消,从而保证把每一分钱都花在"刀刃"上。于是店内接待、学校拜访、带动唱等统统取消,其他的儿童活动则是有选择性地保留——如果小朋友和家长买单的话,否则免费的玩具和活动一律取消。

(2)餐厅促销活动以打折、满减、买×送×为主,追求商业回报,同时给每家餐厅经理都制定了以利润和营业额为目标的KPI设计,一切用数字说话,奖惩分明。

(3)密切对标同市场的其他餐饮竞争对手的营销活动,力争做到反应迅速、回击有力,绝对不能在价格、促销方式、促销力度、中餐品种上输给对方。

可是结果却差强人意:前期市场反馈确实不错,因为中餐的口味比麦当劳更容易被接受;而且促销活动源源不断,着实有吸引力。但是当开到十几家店之后,增速就开始放缓了,再加上同质化十分严重的市场竞争,还不到两年,餐厅业绩就开始下滑,于是我又加大了促销力度,可一通折腾过后还是没有起色,最终也没能保住自己的职位。

这种悲剧故事,其实在当时中国的快餐市场并非个案:因为看着那些西式快餐横扫中国市场,当时有不少知名的中餐品牌感到颇为不忿,于是就有人想要挑战麦当劳和肯德基,其基本竞争逻辑和我这位老板一模一样:国情不同,口味各异。可结果呢?30年过去了,麦当劳在中国内地已有超过3500家餐厅,每年服务顾客超过10亿人次,员工人数超过18万。而那些曾经的模仿者们,却早已销声匿迹了。

6.6.3　培养和关注未来的用户，才是最聪明的竞争之道

麦当劳的成功当然有许多的因素，比如先进的运营管理、品质控制、市场营销、品牌宣传……但"关注长远"绝对是其在中国这样一个饮食习惯、食品口味、文化习俗与西方迥异的市场中，依然能够获得巨大商业成功的根本性的原因。而此处的"关注长远"，指的是"关注和投资于未来的用户——中国的下一代"。

记得我刚加入麦当劳的第一个月，就胖了足足8斤：因为作为管理组成员，上班期间我可以免费吃餐厅的任何食品，要知道对于一个20多岁刚刚大学毕业的小伙子来说，汉堡、薯条、奶昔、巧克力、苹果派……这些高能量的食品，那绝对是美味啊！于是在一番胡吃海塞过后，我的体重一路直线上升。但等到新鲜劲儿过后，我对这些西式快餐的接受度就开始明显下降了。甚至到最后，我宁肯自费去麦当劳旁边的中式快餐店买盒饭，也不愿意吃自己餐厅的食物，原因很简单，对于我这个从小吃面条、馒头、包子长大的北方人来说，汉堡和薯条只能当作应急、填饱肚子的食物。

如果从这个角度来看，其实我的那个老板当初给我制定的经营战略是非常切合实际的。因为麦当劳30年前进入中国时，它的消费者几乎都是像我一样的土生土长的本地人，从小我们吃的就是米饭、面条，所以从这个角度来讲，

我们确实不喜欢麦当劳的食物。无论营销活动做得多么丰富多彩,但吃不习惯就是吃不习惯。

但是很遗憾,我的那个老板却忘记了另外一点,那就是:

消费者并不是一成不变的,因此与其打破了头和别人在红海中搏杀,不如另辟蹊径,将投资放在未来用户的培养和经营上。因为关注长远,其实才是最聪明的、让自己现在活下去的最好的方法。

你仔细回想一下就会发现,在麦当劳刚刚进入中国的前10年,它几乎没有搞过什么价格促销活动,而是把所有的精力都放在了当时4~9岁的儿童和少年身上,比如:

广告词:欢乐和美味就在麦当劳。

食品组合和餐牌:成人套餐(Combo meal)+欢乐儿童餐(Happy meal)。

人员配置和工作职责:接待员/市场组,幼儿园及小学拜访。

餐厅活动:带动唱/儿童生日会/店内参观。

品牌宣传:麦当劳叔叔/汉堡神偷/奶昔姐姐/系列玩具。

在认认真真深耕了10年之后,随着这群儿童慢慢长大成为少年、青年,麦当劳随之更换了广告词,由"欢乐和美味"变成了更加适合追求自我和个性的青少年喜爱的"我就喜欢!(i'm lovin' it)",怎么能不受这群麦当劳铁粉的喜爱呢？而更加关键的是，这群被麦当劳整整呵护了10年的孩子们，他们早已习惯食用汉堡、薯条、奶昔了。

麦当劳很"笨"吗？可能确实有点吧，当30年前别人都在忙于搞促销活动时，它却傻乎乎地天天在不会花钱的小孩子们身上"浪费"精力，"笨拙"地去讨好这群对营业额没什么用的孩子。可是时过境迁，当我们回看来路时，却恍然大悟，原来这才是用户经营最聪明的方法：投资于未来的用户，是让自己生存下去最好的方法。

第 7 章
用户体验的 3 种测量方法

既然是"用户体验",那么就会给人一种非常主观,并且极难用数字标准衡量和计算的感觉,为了解决这个问题,管理学家们就发明了专门的测量方法,来数字化地定义和测量每家企业在管理用户体验上的水平,并制定了与之相配套的结果分析和改进行动方案。接下来我就给大家详细介绍一下现在流行的几种方法,以及作为一名亲自操刀实践过的管理者,我对这些测量方法之间优劣势的比较,以及一些个人的感悟和经验教训,供大家参考和学习。

7.1 用户体验的经典测量方法

用户体验的经典测量方法包括用户满意度(CSAT)、净推荐值(NPS)和用户费力度(CES)。

1. 用户满意度(CSAT)

首先让我们来谈谈第一种,用户满意度,也叫用户满意指数。用户满意度是对服务性行业的用客满意度调查系统的简称,它是一个相对的概念,是用户期望值与用户体验的匹配程度。换言之,就是用户通过对一种产品可感知的效果与其期望值相比较后得出的指数。进行用户满意度研究,旨在通过连续性的定量研究,获得用户对特定服务的满意度、消费缺陷、再次购买率与推荐率等指标的评价,发现核心问题,找到最快捷、最有效的解决方案。

用户满意度计算方法是这样的:

通过用户对"您对本次服务/产品的总体满意度"问题的打分,我们将用户的感受分为三类:"不满意(0~6分)""基本满意(7/8分)""满意(9/10分)",然后把选择"基本满意"和"满意"的用户总数加在一起,再除以总的有效回复的总数,得出的百分比就是用户满意度。

您对本次服务/产品的总体满意度?		
不满意 (0~6分)	基本满意 (7/8分)	满意 (9/10分)
0 1 2 3 4 5 6	7 8	9 10

举个例子来说,假设 100 个有效用户反馈中有 60% 选择了"满意",有 20% 选择了"基本满意",那么这家企业的用户满意度就是 80%。

用户满意度(CSAT)	
满意	60%
基本满意	+20%
满意度	=80%

当企业通过用户调查——通常是以问卷/电子邮件/IVR在线选择/短信/微信的方式进行，获取到用户的满意度反馈之后，就要开始进行深入分析，以期找到影响用户满意指数的根源，并以权重来进行优先级排列，以便做到在最短的时间内提升用户体验。

用户满意度调查问卷通常都是以"您对本次服务/产品的总体满意度"作为开场，同时再加上一系列的辅助问题作为补充，以期在了解到全貌之余（用户的总体满意程度），企业还能知道更细节的原因，并借此找出提升的机会，这样才能让随后的改进行动做到有的放矢，比如说按业务流程图（Business Process Flow），或者用户视角的使用流程图（User experience flow chart）来设计不同种类的辅助问题。（下图为一家电商公司用来设计用户满意度调查问卷的基本逻辑。

| 网站页面 | 产品/价格 | 订单支付 | 订单配送 | 客户服务 | 产品质量（TBD） |

2. 净推荐值（NPS）

净推荐值也称为口碑，是一种计量某个客户将会向其他人推荐某个企业或服务的可能性的指数。它是最流行的用户忠诚度分析指标，专注于研究用户口碑如何影响企业成长。

其计算方法见下图。

净推荐值的问题非常简单直接："您向他人推荐×××的可能性有多大？"

根据愿意推荐的程度让客户在0～10分之间来打分，然后根据得分将用户分为3类：

（1）促进者（得分为9/10分）：是具有较高忠诚度的人，他们会继续购买并引荐给其他人。

（2）被动者（得分为7/8分）：总体满意但并不狂热，将会考虑其他竞争对手的产品。

（3）批评者（得分为0～6分）：使用并不满意或者对你的企业没有忠诚度。

净推荐值计算公式的逻辑是促进者会通过继续购买并且推荐给其他人来加速你的成长，而批评者则能破坏你的名声，并让你在负面的口碑中艰难成长。

和用户满意度一样，净推荐值也可以设计成一整套的系列问题,从而让企业更清晰、准确地知道用户愿意或者不愿意推荐你的产品或服务,其根源何在,并从中找出改进的机会。

净推荐值的出现要晚于用户满意度,其出发点更多的在于试图找到"良好的用户体验"与企业增长——商业回报——之间的关系。目前市面上大部分企业的净推荐值都在5%到10%之间徘徊,净推荐值的得分值在50%以上则被认为是相当不错的企业,这证明你的企业拥有一批高忠诚度的好客户。在净推荐值方面近些年表现最优异的当属苹果和亚马逊——其净推荐值常年高居60%~70%。

3. 用户费力度(CES)

最后我们再来聊聊用户费力度:用户花费了多少力气去满足自身的需求。

常设的问题是:您需要花多少力气去满足自己的需求?请在1~5的范围内选择。1代表非常轻松,5代表非常费劲。

用户费力度是三种测量方法中出现最晚的一个,其初衷仿佛是和用户满意度背道而驰的:"不要过度地取悦你的用户,而应该更加专注于减少用户在解决问题时所花费的努力。"其理论的提出者如是说。

目前市场上用户满意度的普及率最高,其次是净推荐值,用户费力度的普及率不高,应用者寥寥。

7.2　3种测量方法的缺陷分析

好了,介绍完了这三种测量方式,接下来我来谈谈这三种用于测量和提升用户体验的方法有什么缺陷。

根据我的亲身经历来看,其实这三种方法都有一些"先天性"的缺陷,概括来讲,主要有以下几个方面。

1. 样本量太低

被询问的用户范围太窄,属性太单一、太同质化,这样极易造成反馈结果以偏概全,从而无法真实地反映整体的用户体验水平。

举个例子来说,大部分企业都会以"用户主动联系我们寻求帮助"作为满意度调查的触发点,比如用户遇到问题不知道该如何解决、想要投诉、想要反映问题等。一般来讲,这种用户占整体用户的比例其实非常低:以IT公司的技术支持热线做样本,通常100个订单中真正触发用户主动联系公司的只有5%;当工程师为这5%的用户服务完毕后,发问卷给他们做调查,大约只有3%~5%的用户会最终回复,所以这就意味着:

当初买我们产品的100个用户中,只有$100 \times 5\% \times 3\% = 0.15$个人最终给了我们回复,而这些人几乎都是因为有不愉快的经历想投诉的,这么低的样本量,以及如此趋同的用户属性,我们却要以此来衡量整个公司的用户体验水平，这岂不是有失偏颇了吗？

2. 测量结果过于主观，客观性不足

这几种测量方法有一个相同的前提，那就是都是基于用户的感官判断，用"态度指标"来打分，如果能顺利获得用户真实的态度指标，用户的态度和行为匹配，这是最理想的结果，但实际上很难。最现实的问题是，获取用户真实态度、挖掘到用户实际的想法和意愿是一件极有挑战的事。用户说他愿意推荐，他就真的推荐了吗？其言行一致吗？

对于企业而言，要建立一套监测用户主观态度的体验系统，需要投入的人力物力不可小视，并且还要冒着无法准确获得真实态度的风险——这一点我是深有体会。

记得当初我在戴尔工作时曾经负责过整个亚太区的净推荐值提升项目，一度被一道关于"产品价格"的难题搞得痛不欲生。这道题是这样的：

"你觉得我们的产品价格和市场上同类竞品相比，是高了还是低了？"

每当看到用户对这道题的打分时我们都非常崩溃，因为这根本就是一个考验人性的问题。作为一名消费者，当他要掏钱买东西时，他当然希望价格越低越好，而且从心理学的角度来说，人们会本能地屏蔽掉那些自己不喜欢、不愿意相信和接受的信息，比如不少消费者只会选择性地记得那些价格更低的产品，而全然不顾其实两个产品的配置、性能或材料是不一样的，这种完全靠用户主观感知得出的结论，可信度一般。

3. 与用户的使用习惯严重脱节

在大数据和互联网出现之前，用户满意度调查就已经问世了，即便是之后问世的净推荐值和用户费力度，也还是存在一个十分令人遗憾的缺陷，那就是没有将最新的大数据思维引入用户体验的规则设计当中，其测量方式的逻辑，依然是从内部业务流程的角度出发的，而非用户使用习惯的角度。

举个例子来说，关于获取服务的用户费力度的问题。在电子商务和社交平台出现之前，人们在购买产品时如果遇到了不懂的，或者需要进一步咨询的问题，他们第一时间想到的，就是立刻联系商家的售前和售后服务中心，因为这是获得信息/寻求服务/找出解决方案最省力的途径，只要我们依托客服中心的平台，展开用户调查，就能将用户用于获取解决方案的全部路径和所花费的时间精力一网打尽，并以此为依据制定出改进措施，从而最终提升用户体验的结果。所以说在那个时代下，用户费力度的调查还是有其价值和意义的。

但是随着互联网的普及，尤其是社交媒体的崛起，消费者购买和使用产品的习惯已经发生了巨大的改变，因此那种依然以商家的平台为依托而进行的用户体验的调查，就已经显得不合时宜了，让我们再以用户购买产品时费力度的调查为例进行说明，请问：

如果你是个网购者，当你在商家的网站上看到了一款产品但不确定这款产品是否能真正满足自己的需求时，你会怎么做？

咨询商家？当然没错，但你真的100%地相信他们说的话吗？如果不信，那你会怎么做？对了！去看用户评论，去论坛问其他的消费者，去刷微信朋友圈……最后再根据收集到的信息，做出自己认为正确的决定。

注意，此时消费者花在购买这个产品上的所有时间和精力（费力度），就已经不只是在售卖这款产品的商家的平台了，甚至他们都没给商家打一个电话，就放弃了购买，请问：在这种情况下，商家如何做消费者调查呢？如果商家不能将用户所有用于购买产品时的路径和付出的努力全面地收集到，那么用户关于购买费力度的真实体验结果又从何而来呢？如果不知道真实的结果，那么商家又从何而知该如何改进自己的售前/售后服务流程呢？

7.3 对用户体验测量方法的再思考

那么，到底有没有更加科学、客观、全面的用户体验测量方法呢？有，那就是利用大数据和机器学习技术，设计出完全从用户视角出发的、可以捕捉端到端用户"行为性数据"的用户体验测量方法。

其实根本不用去问用户,只要能通过技术手段全程追踪用户的使用路径,然后全面收集、分析和解读他们的轨迹和行为,那么这些"无声"的证据其实会告诉我们一切,而且绝对客观公正,不带主观的偏见。

举个例子来说,我们刚刚推出了一款在线支付 App,想要通过用户调查,了解用户在使用这款产品时的费力度情况。如果按照现行的办法,我们就要通过发放问卷、发送电子邮件、打电话、在线聊天等方式,去主动询问那些最近使用过这款 App 的用户,让他们从 0 到 5,给这款 App 的费力度打分,但是我们都知道这种方法显得很笨拙而且不够客观全面。

那么如果按照新的思路,我们应该怎么做呢?很简单,我们只需要用下图的逻辑去端到端地追踪在 App 上线之后,用户在"浏览产品页面—下订单—选择在线支付 App—成功完成在线支付"这四个步骤之间的数据转化情况,再抓出有问题的衰减率,并进而通过数据后台全面地分析用户的"行为性数据":

(1)用户为何会在这个步骤失败?

(2)失败之前他试了几次?是什么样的路径?

(3)失败后他又去了哪里寻找帮助?

（4）支付成功用户的使用习惯和支付失败用户的使用习惯有何不同？

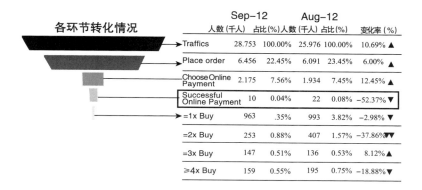

所以你看，其实答案就在你的数据库里，而且绝对是真实、客观、可信的，甚至从某种程度上来说，连用户自己可能都说不出来，但他们的行为轨迹和数据却骗不了人。

第三部分

用户经营飞轮"的第二个层次：价值变现

要素4：经营战略

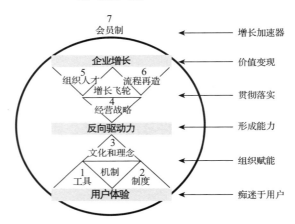

最持久，也是最能保证企业长期生存发展的竞争力，应该是通过坚持不懈地为用户发明创造而建立起来的信任关系。就像杰夫·贝佐斯所宣扬的那样：

"我们不是通过卖东西赚钱的，我们是通过给用户提供好的/不好的信息从而帮助他们做出购买决定而赚钱的。"

第 8 章
要素 4：经营战略

8.1 解读亚马逊的"飞轮理论"

"用户经营飞轮"一共有三个层次七个要素，在第二部分的讲解中我们已经把第一个层次"组织赋能"中的三个要素交代得非常清楚了。那么从第三部分开始，我们将对第二个层次，也就是"如何用卓越的用户体验来驱动企业增长"中的另外三个要素来进行深入的探讨，或者换句话说，怎样才能将良好的用户体验，转化成巨大的商业回报。

当企业以"工具、制度以及文化和理念"为支柱而建立起"从用户出发，反向驱动"的机制之后，就要开始迎接下一个挑战了，那就是：应该如何以用户为杠杆，来撬动企业的增长。因为说到底，我们开办企业的目的是为了盈利，如果不能给良好的用户体验找到出口，让它与企业的良性运转挂钩，那么再好的用户体验也是花架子——企业如果赚不到钱，那就失去了存在的意义。

为了彻底解决这个问题，我打算在第三部分带领大家走入企业经营的内部，从以下三个方面来和大家深入探讨一下最佳的解决方案：

（1）经营战略。
（2）组织人才。
（3）流程再造。

本章我们首先来讲解一下如何以用户为中心来设计自己企业的经营战略，也就是"用户经营飞轮"的第四个要素。

经营战略是关乎企业生死的最基本的商业逻辑，对此每家企业都有自己的解读：比如以领先的技术洞见来获取远高于竞争对手的单位利润，比如通过独创、先进的商业模式来打造护城河，比如靠强有力的营销来打造和维持垄断地位……那么号称要"做地球上最以用户为中心的公司"的亚马逊，它的经营战略又是什么呢？它又是如何利用这种基本商业逻辑来指导公司日常经营的呢？

8.1.1 亚马逊"飞轮理论"的由来

谈到这，我们就不得不来说一说亚马逊著名的"飞轮理论"了。据说这是公司创立初期，杰夫·贝佐斯有一次灵光乍现，飞速地在一张餐巾纸上涂鸦出来的杰作（也就是下图）。

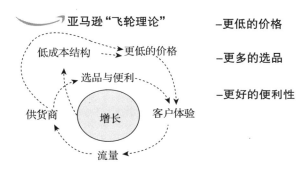

如果你们也想按同样的逻辑来打造自己企业的经营飞轮，那么就必须遵循以下两个步骤：

第一步：从用户的视角出发，清晰定义其核心的价值需求：以杰夫·贝佐斯的理解，用户之所以愿意在亚马逊平台购物，是因为以下三个原因：

（1）更低的价格（Lower Price）。

（2）更多的选品（More Selection）。

（3）更好的便利性（Better Connivance）。

第二步：将用户的核心价值诉求转化成飞轮效应，来驱动企业的增长。

下面就让我来给大家解读一下这个飞轮是如何工作的：通过建立"用户反向驱动"机制，我们已经获得了良好的用户体验，这种体验使得用户更愿意到我们的平台浏览和购物，于是我们网站的流量有了大幅度的提升，看到大量用户都来到我们的平台，供货商和卖家就会随之蜂拥而至，他们的到来会让我们获得两大利益：

（1）第三方卖家付给我们的佣金。
（2）让我们具备了更强的议价话语权。

随着以上两种利益的累积，我们将有机会从固定成本中"赚取"更多的利润，如物流成本和运行网站的服务器成本；与此同时，更大的议价话语权以及更高的运营效率会进一步夯实公司低成本的运营结构，这让我们有能力将商品的价格进一步降低；再加上随着供货商和卖家的踊跃加入，我们可以提供给用户的商品种类（选择）也变得越来越丰富，于是"一站购物/万货商店"变成了现实，这样用户就不用在不同的购物平台间跳转，购物便利性也得到了极大的提升……更低的价格、更多的选品、更好的便利性……当这一切力量交织在一起时，就让用户体验又上升到了一个新的台阶，于是企业经营的飞轮就会越转越快，并最终推动企业实现飞速增长的目标。

其实"飞轮理论"并非杰夫·贝佐斯自己发明的，它是管理学大师吉姆·柯林斯提出的，又叫"飞轮效应"，其基本逻辑其实很好理解：

它是指为了使静止的飞轮转动起来，一开始你必须花费很大的力气，一圈一圈反复地推，每推一圈都很费力，但是每一圈的努力都不会白费，飞轮会转动得越来越快。当达到某一临界点后，飞轮的重力和冲力会成为推动力的一部分。这时，你无须再费很大的力气，飞轮依旧会快速转动，而且不停地转动。这就是"飞轮效应"。

亚马逊就是按照这套理论的逻辑，以及在创立之初就确定的愿景和价值取向，设计出了自己的经营飞轮。正是按照这种方法，亚马逊形成了一种十分独特的经营理念，那就是靠低利润来挖市场竞争的护城河，其基本思路是这样的：

"高利润会让竞争对手将投资更多地转到研发上，并引发进一步的竞争。而低利润则能吸引顾客，且防御性更强。"

记得有一次我给一群互联网公司的创始人讲课，当课程进行到这部分内容时，台下有位学员马上露出了一副恍然大悟的样子，迫不及待地站起来说："Peter老师，我懂了！这不就是滴滴搞的那一套嘛：一开始先拉低价格，不计成本地搞补贴，不惜亏本打垮竞争对手，等占领市场形成垄断之后，再不断地涨价赚回之前的投资——反正现在也没人跟我竞争了，我说什么就是什么！如果从这个角度来看，亚马逊的这种经营理念不过就是一种市场竞争手段而已，跟用户经营有什么关系啊？"

好像也对⋯⋯这一招其实在当今的中国市场早已经屡见不鲜，甚至还曾经出现过不少赚了大钱的"成功案例"，如果从这种意义上来讲,亚马逊的这个"轮子"也没什么特别的。可是真实的情况真的像我的这位学员讲的那样简单吗?

8.1.2　Kindle 的定价逻辑

稍微了解亚马逊的朋友应该都知道,其实近年来促成亚马逊股价一路飙升的真正幕后推手并非广为人知的亚马逊电商业务,而是 Kindle/云计算/AI 智能音箱。那么亚马逊当初是怎样遵循自己的"飞轮理论"来设计和开发这些产品的呢?或者让我们再聚焦一点,用上文那位学员关心的价格问题来举例说明一下,亚马逊是如何从"价值观和经营理念"出发制定新产品价格,而非从"盈利和竞争"来进行新产品设计的?

这个真实的案例就是 Kindle(电子阅读器)。众所周知,亚马逊是一家靠在线卖书起家的公司,其图书的销售额(纸质书)占全公司收入的比重,曾经常年超过 50%。但是随着年轻一代的崛起,以及移动电子产品的普及和功能的强化,越来越多的读者开始转而通过手中的移动终端(手机、笔记本电脑等)而非传统纸质书来进行阅读。看到用户阅读行为的改变之后,杰夫·贝佐斯决定力排众议开发电子阅读器:

"你的工作就是要干掉自己的生意……你的目标是在未来让所有卖纸质书的人都失业!"这是 2003 年杰夫·贝佐

斯在刚刚决定要进军电子阅读领域时,对北美区传统媒体事业部的领导者凯塞尔做出的清晰指示。

看到老板这么坚决,各个部门就开始紧锣密鼓地行动了起来,但是这项工作确实不好做,因为除了技术开发的压力之外,当时整个电子阅读的商业环境还很不成熟:在2000年年初,图书的版权还几乎都控制在出版商的手中,亚马逊要想推出电子版的图书,就必须和手中握有图书版权的出版商在以下两方面合作:

(1) 将纸质书电子化,也就是将其变成可以放在Kindle上阅读的数字化图书。

(2) 降低电子版图书的价格,从而使电子版图书和纸质版图书产生明显的价格差,让消费者从中受益。

这两个问题中最难解决的是第二个问题:价格。因为当时还没有形成成熟的电子阅读市场和交易模式,所以出版商给亚马逊的纸质版图书和电子版图书批发价格是相同的。举个例子来说,通常亚马逊采购一本书的价格大概是15美元,而零售价为30美元,如果按照这种进货价来确定电子书的价格,那么用户是享受不到比纸质书低很多的实惠的,这就与用户的基本价值诉求相违背了——更低的价格、更多的选品、更好的便利性。

如果是为了盈利或者出于商业竞争的考量,那么亚马逊最符合"正常"商业逻辑的电子书定价就应该是30美元左右：这样既保证了企业利润，又兼顾了市场竞争。注意，在此我还要交代一条非常重要的背景信息：当亚马逊推出 Kindle 时，其在电纸书市场的占有率为 90%，几乎为垄断性的。

可结果呢？当杰夫·贝佐斯于 2007 年 11 月 19 日在曼哈顿下城的 W 酒店 Kindle 发布会上宣布，电纸书的定价为 9.99 美元——远低于成本价时，市场一片哗然：消费者无不欢欣鼓舞，因为这给了他们实实在在的好处。而传统的出版商却是满嘴的苦涩，因为这就像钉在棺材上的一颗钉子，而这个棺材就是为他们准备的：要么降低批发价配合亚马逊做大电子书市场；要么被用户淘汰，然后被装进亚马逊给他们准备好的那个棺材里等死……

"我们从不关注竞争对手，我们只关心能为用户创造什么价值。"听完了 Kindle 的定价案例之后，想必大家对这句话的理解将会更加深入了。一切以用户为中心，不只是意味着要认真倾听用户的声音、了解用户的需求——比如阅读习惯的改变，更重要的是为用户去发明和创造——开发 Kindle 硬件产品，以及颠覆性地改变整个出版行业的游戏规则，将伤害用户利益的水分都挤压出来，这样才能使用户的价值最大化，并最终使自己的企业获得良性、可持续的商业回报，这样你的增长飞轮才能越转越快，实现真正意义上的成功。

8.2 美捷步的成功秘籍

在上一节里我们学习了亚马逊是如何从用户出发，反向设计和定义自己的经营战略的。本节我就同一个话题以一家公司作为案例，更加深入地聊一下如何让用户经营的第四个要素——经营战略，旋转得更加快。

8.2.1 "客服中心的好坏直接关系到企业战略的成败！"

前文中我们曾经提到过这家公司，就是那家卖鞋的海底捞——Zappos，中文翻译为"美捷步"。这家公司因为独特的用户经营理念和管理逻辑而于2012年被亚马逊全资收购。记得我进亚马逊没多久，就听公司内部的管理人员多次谈到过这家特立独行的公司，这让我对它不禁产生了极大的好奇和想要深入了解的冲动，正巧这时美捷步也在考虑是否要随着亚马逊的步伐进军中国，这就给了我近距离观察和研究这家公司的机会。

记得那次是由美捷步创始人谢家华的父亲带队，他们专门组织了一个考察小组来中国访问，想要全方位地了解中国电商市场以及消费者的行为习惯，并特别要求必须到亚马逊的客服中心看看。用谢家华的话来说："客服中心的好坏直接关系到企业战略的成败！"

客服中心对一家公司来说确实很重要，因为它承载着用户投诉的处理、售前咨询和促销、危机事件的化解以及用户信息的收集,我在加入亚马逊之前,就已经在客服领域工作了近10年,当然知道它的价值和意义,但一家公司居然把客服上升到"企业战略"的高度,这我还是第一次听说,因为按照正常的理解,产品、创新、营销、科技、商业模式这些更加"重要和本质"的东西才能被称为企业战略,客服部门虽然重要,但它最多是个支持和从属部门,是无法成为支撑和驱动企业增长的核心动力的,但是美捷步居然把它当作企业的核心战略,这让我确实无法理解。

于是带着不解,我在中国接待了美捷步的管理团队,一番交谈过后,我才恍然大悟,原来在谢家华看来,用户服务、文化、培训是驱动美捷步业绩增长的"三驾马车"。

其基本的经营理念为:把本应投在广告上的资金运用到提高用户服务水平和提升用户体验上,让用户的口碑为自己做宣传。

其实美捷步最早之所以全身心投入用户服务,完全是出于无奈:谢家华成名甚早,24岁就通过创立"链接交换公司"实现了财富自由——微软以2.65亿美元收购了这家公司。实现了财富自由之后他就开始了投资人的生涯，其投资的公司中就包括美捷步。可惜好景不长，2000年，第一次世界互联网泡沫破碎了。

随着其他投资人的退出，美捷步的经营逐渐陷入了困境，出于对这家公司文化和独特价值观的钟爱，谢家华不惜低价卖出自己的房产来继续支持美捷步的经营，并亲自出任公司的CEO。因为实在是拿不出钱做广告，于是他们转变思路，开始打起了老用户的主意：既然没钱拉新（新用户），那么就专心打旧（回头客）。

而经营回头客最好的人是谁？当然是客服员工了，于是美捷步开始进行全公司经营战略的转身，全身心投入客服工作，进而成就了一段佳话，也就是它的独特经营战略。

8.2.2　如何将客服中心变成品牌的核心价值

但是要想将客服打造成一个鲜明的品牌却绝非易事，在这一点上，谢家华具有许多不一样的思路和打法，概括起来有以下两点。

1. 客服中心到底是"成本中心（Cost Centre）"还是"价值中心（Value Centre）"

如果把客服当作企业的经营成本，那么我们就应该想方设法地降低这种成本；但如果你把客服中心当作可以给用户和企业创造价值的核心部门，那么就应该不计成本地加大投入。

在当时,为用户提供服务主要依靠接电话。大部分的公司都将其当作要尽量削减的成本,以至于在大多数网站上,人们至少要点击 5 个链接,才能找到公司的联系方式,即使能找到,通常也只是一个表格或者一个电子邮件地址。但谢家华相信这是一个大多数公司都没有留意到的,与用户建立连接的绝佳机会。

于是他决定反其道而行之,把美捷步客服中心的电话号码放在网站每一页的最上方,而且每天 24 小时、每周 7 天都有人接电话,因为谢家华相信电话是建立品牌的最好工具:

"你至少得到了用户 5~10 分钟的全部注意力,而且如果你们互动良好,你会发现他会一直记得这个体验,也会告诉他的朋友。"

每一次接触其实都是体现美捷步品牌客户服务和用户体验的机会。就是遵循着这种逻辑,美捷步客服中心的管理方法和 KPI 设置也跟绝大多数公司不一样。比如,大多数的呼叫中心根据业界公认的"平均处理时间",也就是一天内处理电话的数量,来衡量每个员工的表现。这样做的好处是通过提升员工的产能来降低经营成本;但却会对用户体验产生负面的影响——为了多拿奖金,客服代表会想方设法尽快地结束与用户的通话。为了彻底避免这个问题,美捷步根本不看员工的通话时长和接听电话的数量,而只关心呼叫中心的员工是否达到或者超越了每一位用户的期望，只要能让用户满意，聊多久都行——据内部记录，最长的通话达到了10小时29分钟。

再比如说"话术"：大多数公司的呼叫中心都会为客服代表提前准备台词，并要求员工尽量多地向用户推销产品。但在美捷步，这种做法根本不存在。因为谢家华相信员工在和每位用户交流时都会运用他们最好的判断力，管理者应该让员工在每次通话时都发挥自己的个性，这样才能与用户建立起一种私人的情感关系。

2. 发展关系；创造个人情感联系；提供"WOW"的服务

既然是企业战略及核心价值，那么就需要将用户服务理念灌输到全公司，谢家华为此特别总结出了以下十大方法：

（1）将客户服务作为整个公司优先考虑的事情，而不仅仅是一个部门的事情。端正对客户服务的态度要从最上层开始。

在介绍亚马逊的用户反向驱动机制时，我曾经提到过"用户连接"这个制度：所有新加入公司的管理组成员必须花一整天时间去客服中心接听电话，阿里巴巴称之为"亲听"，美捷步则做得更加极致：所有新员工，无论级别高低也不管你在哪个部门，入职后的第一个月都必须去客服中心接听用户电话，注意，是整整一个月！

（2）把"WOW"变为一个动词，让它成为你公司日常词汇的一部分。

"WOW"是一个英文单词，它是指当人们遇到了一件令人意外和惊喜的事情时，脱口而出的一种由衷的感慨，它有两种层次。

第一个层次：WOW，你懂我！这就是我想要的！

第二个层次：WOW，原来真正能让我惊喜的是这个东西！

所以说倾听用户的声音只是起点，更重要的是为他们发明和创造，因为有的时候其实用户并不知道自己真正想要的是什么，以及如何去获得自己想要的东西，这时候我们就应该从专业的角度去为用户找到最佳的解决方案，让他们好好地"WOW"一下！

（3）授权和信任你的客户服务代表，相信他们想给用户提供最好的服务。

还记得我的那个讨厌的法国上级，是怎样批评我犯了极其严重的官僚主义的错误的吗？请让我们再听一次吧：

"Peter，你这是彻头彻尾的官僚主义！！难道你真的相信，那些坐在办公室里吹着空调、喝着咖啡的经理，会比那个正在和客户通着电话、聊着家常的员工更了解发生了什么吗？难道你真的相信，那些每天看着报表、听着报告的管理人员，会比那个正在听着用户的咆哮和投诉的客服代表，更知道该怎么帮助我们的用户?！为什么你要把'按灯'的流程搞得如此复杂，以至于让我们的一线员工无法最快速、最有效地帮助我们的客户?！你为什么要用官僚主义的做法（增加审批流程），阻止我们的员工去做，他们认为对用户对的事情呢……"

（4）如果一位用户贪得无厌，还辱骂员工，就要认识到"炒掉"这个用户是可行的。让你的员工满意，是让用户满意的前提。

（5）不要计较通话时间，不要强迫员工进行产品促销，不要使用预设台词。

（6）不要隐瞒你的电话号码。这不仅仅是给你的用户，也是给你的员工的一个重要信息。

（7）把每一次通话都看作是建立客户服务品牌的一次投资，而不是一笔要尽量减少的开销。

（8）让整个公司都来庆祝特别好的服务。对公司里的每个人讲一些令用户说"WOW"的故事。

（9）寻找并雇用那些对客户服务有激情的人。

（10）给每个人最好的服务，包括用客、员工和供应商。

8.2.3 这样做企业能赚到钱吗

看到这里，可能有不少企业管理者心生疑惑：美捷步的做法确实能让用户满意，但是这样做企业能赚到钱吗?

能够实现持续的良性增长吗？其实答案非常简单，因为美捷步已经用它的实际表现回答了这个问题：就是靠着这种独特的经营战略，美捷步做到了全球卖鞋垂直电商的第一名，最终还被亚马逊招致麾下，成了一个独立经营的业务单元。

除了这些广为人知的信息之外，接下来我再给大家分享一些更加细节的商业数字，来让你们更加真切地感受到，良好的用户体验其实才是企业增长最好的助推器。

退货率：25%~40%
退换货成本+客服成本：1亿美元
平均订单金额：90美元（是竞争对手的1.5~2倍）
毛利率：35%（是竞争对手的1.6倍）
回头客比例：75%

	回头客	新客
交易额：	15倍	1
获客成本：	1/6倍	1

首先来看成本。因为个性化和以用户为导向的客户服务方式，美捷步的退货率一直都高于竞争对手，达到了25%，再加上客服成本，每年它的运营成本都将近1亿美元。看起来支出确实庞大，但是因为美捷步从不打广告，所以在市场营销方面几乎没有投入，这样其总的经营费用其实并不比竞争对手高多少。

然后再看回报。美捷步平均每份订单金额高达90美元——是其竞争对手的1.5~2倍；毛利率为

35%——是同类经营者的1.6倍。这其中的秘密,就出在回头客身上。根据美捷步的财务分析,其75%的用户是回头客,而这些回头客的交易额是新用户的15倍,但他们的维护成本却只有新用户的1/6,如果我们把这二者的影响加在一起,那么经过简单的运算,就能发现这样一个令人震惊的商业秘密:

回头客给企业创造价值的费效比,是新客的90倍!

8.3 以用户体验驱动新零售的创新 (一)

谈到企业的经营战略,那么我们就不得不说说商业模式的创新,因为这绝对称得上是企业战略落地时的一个至关重要的应用。作为一家被评为"全球最具创新精神企业"之一的亚马逊,在创新上从来都不乏亮眼的表现:从发明Kindle进入电子阅读,到通过AWS开创云计算在商业领域的应用,再到近些年的Echo智能音箱/Alexa人工智能软件,这就是亚马逊的高管们无论是对内还是对外,都不喜欢亚马逊被称为"电商公司",而更愿意被叫作"科技公司"的原因。

8.3.1 什么是"以用户为中心"

那么亚马逊的创新和其他公司有何不同?指导这种商业创新背后的逻辑及方法论到底又是什么呢?下面就让我

以两个具体的案例,来和大家好好聊聊,亚马逊是如何通过用户体验来驱动创新的。

这两个案例都与这些年很流行的一个话题相关,那就是新零售。记得四年前,当马云刚刚提出新零售这个概念时,中国的零售行业着实为之热闹了一阵子:从线上交付到线下体验,无人货架/无人商店/刷脸支付……一时间各种新花样层出不穷。

可惜好景不长。没过多久,大批转向新零售的商业模式就走进了死胡同:比如无人货架、无人商店大批倒闭;线上线下渠道重合,价值分工不清晰;线下到底是要重体验还是重销售,抑或二者兼顾……这一切都颇为引人深思。

号称要"做地球上最以用户为中心的公司"的亚马逊其实早就开始思考和布局线上线下整体购物体验的有机融合了,这是因为杰夫·贝佐斯对"以用户为中心"这句话曾经做过清晰的定义:

"这意味着你需要时时聆听、发明以及个性化。"(2000年6月 接受查理·罗斯的采访)

"倾听用户的声音,但不能只是倾听,你还要为用户去做发明和创造。"(2010年致股东信)

那么当听到用户要求提升消费体验,无论是线上还是线下都要给自己提供更好、更便利的零售解决方案时,亚马逊是如何进行发明创造的呢?又是如何在做商业模式创新时,时刻都能把用户放在中心的呢?

8.3.2 亚马逊线下书店业务流程全拆解

首先我们一起来看看亚马逊的线下书店,这家在 20 多年前,曾经以线上销售的模式凶残地"杀死"了大量线下书店的亚马逊,是如何走了"回头路",开始经营线下书店的?它的线下店和传统的线下书店到底有何不同?这些不同背后隐藏的逻辑到底是什么?

接下来就让我对线下书店的端到端购物流程做一个拆解,然后逐一进行对比和点评。

1. 如何摆放图书

(1)传统书店:我(商家)要卖书。

第8章 要素4：经营战略

传统书店为何要如此密密麻麻地堆放图书？其实原因很简单，那就是为了追求坪效，也就是单位面积所能产生的营业额和利润。因为对于所有的线下实体商店来说，坪效是决定其生死的最重要的运营财务指标，因此为了赚更多的钱，传统的线下书店恨不得把所有的空间都堆满图书——因为只有这样才能提高读者进店购买的成功率，实现单位面积财务效益的最大化，从而让自己交得起房租和支付各种高昂的运营成本，最终生存下去。

但是这种摆放方式是读者希望看到的吗？为了解释清楚这个问题，在此我要重点介绍一个之前曾经提到的非常重要的概念：

用户费力度：用户在购买产品和获取服务时所花费的努力。

传统书店的这种图书摆放方式，给购买者在费力度上造成的困扰是什么呢？举个例子来说，假如我现在走进一家传统书店想买一本有关互联网内容的书，于是我走到相关的区域四下搜寻，突然在书架上看到一本名为《互联网思维》的书，因为面向消费者的是书脊，所以除了书名、作者名等我对其他的信息一无所知，这时我只好走上前去把它从书架上抽出来，然后先看腰封上的专家推荐以及图片信息，然后打开书翻看目录、内文，一番折腾后发现，这本书其实不是我想要的，于是只好失望地将其重新插了回去。

如果不能给用户创造价值，那么刚才所做的一切就都是无效的动作，因此这种费力度就需要被企业的经营者想方法摈弃掉。明白了这个道理后，我们再来看看亚马逊的图书摆放方法。

（2）亚马逊书店：欢迎你（读者）来看书。

所有图书的封面一律面向读者，这样各种信息可以一览无遗地展现在我们的面前，从而就能避免在传统书店里的那种无效的费力度动作。

2．如何寻找图书

（1）传统书店：便于我（商家）进货、上架、盘点和进行库存管理。

分类摆放——这几乎是所有企业在进行货品管理时所共同遵守的一个原则,这样做的好处是非常明显的:有序且高效,便于商家快速收货、进库、上架、补货、盘点……但站在用户的角度,这样便于我寻找想要的图书吗?

举个例子来说。假如我今天带着正在读小学三年级的儿子一起来买书,那么首先我必须陪着他上到五楼的某个角落找到"教辅类图书"区,然后再寻找"语文类",接着再寻找"三年级",拿到他想要的书之后,我们再来到一楼的"社科区",找到"历史类读物专柜",然后根据书名或者作者名寻找我感兴趣的图书。

有没有可能不跑这么多的路,就能让我更加准确、迅速地找到我需要的图书呢?

接下来就让我们来看看亚马逊的书店是如何摆放图书的吧。

(2)亚马逊书店:这是你(读者)想要的书吗?

记得我第一次走进位于西雅图的亚马逊书店时,满脑子都是问号:当时我想买一本在台湾出版的繁体中文畅销书,于是抱着固有的习惯,我一进门就开始四处寻找写有"外文图书区"的标记,可是找了一大圈愣是没看到。而且不只是没有"外文图书区",这个书店里干脆什么区都没有!所有图书看起来都是"胡乱"摆放的。可是转了两圈过后,我渐渐发现了一些和传统书店极为不同的图书呈现方式。

A. 用户评论：每本图书的下方都有一个打印出来的小卡片，上面印有摘抄自亚马逊电商网站上的用户评论。一下子就将我拉入了平时十分熟悉的网购场景：无论详情页上商家将这个商品描述得如何天花乱坠，图片拍得如何美丽动人，我在做出购买决定之前，一定要先去"用户评论区"看看，而且我尤其喜欢看那些差评，因为在我（消费者）的眼里，和我有着同样身份的消费者的评论远比商家的描述来得更加真实可靠，因此看用户评论，这已经成了众多网购者共同的购买习惯了。

所以当我看到每本书下面的用户评论时，线上/线下的体验瞬间就交织在了一起，那种感觉真的非常亲切！

B. 按照图书的内在逻辑分类："拥有 4.8 颗星以上评分""本周最多预订图书""用户最多收藏图书"等。

第 8 章 要素 4：经营战略

C. 以"大数据+机器学习"来精准地为你推荐图书：

"如果你喜欢左边这本书，那么我猜你应该会喜欢右边这些图书。"

"如果你喜欢《从 0 到 1》这本书，那么这个柜子里的书你应该都喜欢。"

通过更加"读者导向"的图书摆放方式，以及利用先进的"大数据＋机器学习"技术，亚马逊的书店在降低你的购书费力度（寻找图书所花费的路程、时间以及准确性）的同时，极大地提升了进店读者的购书成功率——坪效。所以你看，一切以读者为中心的书店布局，貌似是与营收和利润背道而驰的，但其实这才是最聪明的赚钱方式。

让我们接着往下看，还有更多有趣而饱含深意的不同。

3．如何买单

（1）传统书店：排队买单。

对于消费者来讲，排队买单这个动作，能不能给我们创造价值？

答案当然是：不会！我相信对每一个正常人来讲，排队买单绝对是一件非常费时费力折磨人的苦差事。那么既然消费者不喜欢，商家为何还要坚持这样做呢？原因还是钱：因为如果不浪费消费者的时间和精力（费力度），那么商家就要付出更大的成本（收银员/收银机/柜台等），因此为了"坪效",只好牺牲消费者的利益。

那么亚马逊是怎样设计买单这个业务流程的呢?答案其实很简单,那就是从用户出发,反向设计出对用户——而非自己——最好的解决方案:

你想去哪买就去哪买:在保证愉悦的购物体验感的同时,不牺牲网购的实惠和便利性。

让我们来设想这样一个购物场景:今天你和朋友约好中午12点在一个餐厅汇合,先吃饭然后再一起逛街,为了避免堵车于是你早早地出门到达约会的地点,一看表才11:40,为了打发时间,你走进了旁边的亚马逊书店闲逛,结果无意中突然找到了一本自己十分喜欢的书,可拿着心爱的书你却犯了难:

买吧,太不方便,因为还要去逛街,拿着一本厚厚的书太费劲。

不买吧,又太可惜,因为万一过会儿忘记了多遗憾啊!

别担心,亚马逊的书店可以帮你解决这个难题:此刻你只需掏出手机扫描一下图书下方的条形码,然后在你的亚马逊账户里下单，这样就能轻松地做到两全其美了：下午一身轻松地陪朋友逛街，等晚上回到家时，你喜欢的这本书就已经被亚马逊的物流人员送到家了。

怎么样，亚马逊的线下书店还真的不太一样吧？其实到目前为止，我们还只是逛了这家书店的一小部分，至于亚马逊在新零售上的创新，其实还有很多，在下节中我将继续为大家介绍亚马逊书店背后更多的用户经营逻辑，以及另外一种更加令人震惊的全新购物体验——亚马逊"拿了就走线下食杂店"（Amazon Go）。

8.4 以用户体验驱动新零售的创新（二）

在上一节中我带大家"实地"考察了亚马逊的线下书店，通过与传统书店的对比，相信你们已经强烈地感知到了许多的不同，以及这种不同背后的原因——从用户出发，反向驱动公司经营战略的制定，并用这种以用户为中心的战略，指导所有商业模式的创新和内部业务流程的设计，比如说新零售。

8.4.1 以全场景的解决方案打通线上/线下的体验壁垒

这些年我曾经给不少企业做过关于新零售的咨询辅导项目：传统的线下企业看着红火的互联网经济十分心动，于是纷纷设立互联网部门打算也来分一杯羹；而线上企业随着互联网红利的消退，也开始思考怎样才能拓宽思路，寻找新的业务增长点。这两股力量交织在一起，就促成了新零售、新制造、消费升级这些创新模式的产生。

企业的这种良好愿望确实不错，但是在实际的执行过程中却遇到了很大的问题，其中最突出的就是线上/线下怎样分工协作？或者说得再直白一点，体验和盈利应该如何平衡？举个例子来说：一家传统的线下企业此时新开设了网店，那么线上商店和线下商店到底应该怎样分工？是线上商店主攻下单销售、线下店专注于订单交付和体验，还是把线上/线下当作并行的两个渠道同时兼顾体验和盈利？根据我的实际观察来看，目前能相对圆满地处理好这二者关系的企业确实不多。

那么亚马逊这样一家先天具有线上基因的公司，它所开的线下店是如何解决这个问题的呢？接下来就让我们继续参观之旅，再深入地去观察和研究一番亚马逊的线下书店，以及另一个更具创新意识的线下食杂店。

第一次走进亚马逊的线下书店时，让我最感诧异的就是在这样一家本应该主打纸质书的商店当中，居然有大量的空间让给了 Kindle：硬件、配件、游戏体验区……读者可以在此近距离地接触和了解亚马逊的电子阅读器，并实地上网体会 Kindle 阅读、观影以及 Prime 会员的其他权益。

从业务形态上来讲，纸质书和电子书是水火不相容的，对于大多数消费者来说，如果在 Kindle 上买了电子书，那么一般就不会再去重复购买纸质书。既然如此，一家由坪效决定生死的线下书店，为什么还要将宝贵的空间出让给一种会杀死自己的电子阅读器推广业务呢？这样做它能赚到钱吗？

带着这种疑惑，我不经意间逛到了下面这个小角落，看过后我才恍然大悟，原来亚马逊 OTO 赚钱的秘密还是那句我曾经在前文中反复讲过多次的话，只是这里我要再加上一个词——解决方案（Solution）：

"我们不是一家通过卖东西赚钱的公司，我们是通过给用户提供好的或者不好的信息以及解决方案，从而帮助他们做出购买决定而赚钱的公司。"

此处的"解决方案"，是指"全方位/多场景的总体阅读体验：听/看/读"。

亚马逊近些年来在流媒体领域表现不俗,我去书店的那一年正好赶上由其投资的一部电影获得了奥斯卡大奖(《海边的曼彻斯特》),因此书店中专门开辟了一个角落来展示所有和这部电影相关的产品。

读:纸质书 + Kindle 电纸书。

看:在 Kindle Fire(亚马逊的彩色版 Kindle,可以看视频/打游戏)上看获奖电影。

听:音频版的故事书。

这下大家明白了吧,原来对于亚马逊来说,卖什么产品(纸质书/电子书/视频/音频)并不重要,重要的是及时了解用户阅读习惯的改变和价值诉求的更新,然后为用户去做发明和创造——即便这可能意味着要踏足一个完全陌生的领域(Kindle、智能音箱、云计算等),或者这种创新可能会革了自己的命(纸质书 VS 电子书)也在所不惜,因为这是用户需要的。因为真正能让我们赚钱的,其实并不只是那些看得见、摸得着的商品,还有我们想方设法给用户提供的信息及解决方案，比如说：用户评论，全场景的阅读体验（听/读/看），想去哪买就去哪买的买单方式，重复购买提醒……

因为说到底，无论你的商品多么齐全、多么高科技，其实竞争对手都可以复制，甚至还有可能比你做得更加极致。但是有一点你的竞争对手可能永远都复制不了，那就是用户对你的信任：因为你不遗余力、客观公正、不带任何目的地向用户提供好的或者不好的信息以及解决方案，从而帮助他们做出了一个对自己有利的购买决定！

8.4.2 怎样从用户的视角定义OTO的价值

好了，让我们进行一个快速的点评，将亚马逊书店这个案例做个收尾。要想真正做到从用户的视角定义商业模式的价值——比如新零售，那么你就必须处理好以下几个问题。

1. 是关注对品牌的打造还是关注对购买的促进

如果你只是关注对购买的促进，而不关注品牌的打造，那么书店中就会随处可见买二送一、限时抢购、过时不候等大幅促销海报，店铺里的销售人员也会不遗余力地向读者推销各种商品——哪怕是读者买过的或者不需要的商品。至于买单方式，对不起，绝对不可能让你在网上下单，因为谁知道你一出门会不会变卦，所以说让你现场掏钱买单才是硬道理！

2. 如何整合线上线下的资源

线上线下可以整合的资源有很多：销售渠道、客户资源、供应商、产品、市场活动、广告营销……但其中最重要、最有价值也是对用户体验的提升最有帮助的，是用户数据。让我们再次回忆一下，为何亚马逊的书店里摆放的图书种类和数量都远远低于传统的线下书店，但是最后经过测算，它的坪效却远高于传统书店？因为它在用一种最聪明的竞争方式，来极致地发挥自身的独特优势（海量的线上用户数据＋机器学习技术），从而极大地降低用户的购书费力度，在提升用户体验的同时，实现经济效益的最大化。

3. 是以"卖家"为中心还是以"读者"为中心

线下书店本身就是一种"产品"，因此当我们在设计这款特殊的产品时，就一定要用"以用户为中心"的理念去指导整个设计工作，比如说业务流程的打造：买单时到底是让卖家麻烦还是让读者费力？图书摆放是要对店家方便还是让读者省事？对购买时机的把握是需要卖家掌控还是让读者以自己方便的方式进行？这一切都体现了"用户反向驱动"的逻辑。

8.4.3 "拿了就走"的零费力度购物体验

为了加深大家的印象，同时给大家更多的启示和指导，接下来让我再分享一个亚马逊线下食杂店的案例，相信大家看了下面的介绍，会彻底改变对线下零售购物体验的认知，因为只需简单的三步，就能轻松完成整个的购物流程！

这家小店的名字叫作"Amazon Go"。

第一步：通过手机 App 扫码进入（无人超市入口是一排电子"门卫"）。

第二步：自助取货，然后系统自动计入消费者的账户。

Amazon Go 使用相机和传感器网络来动态监控客户，并通过智能手机应用程序自动为他们从商店中取出的物品进行计费。

第三步：拿好货物走出超市，不用排队瞬间完成收费过程。

怎么样，"拿了就走"的购物体验确实不一般吧？这家店最早出现在美国的西雅图，于 2017 年花了一整年时间做内测，然后在 2018 年年初正式推向市场，目前在美国的纽约、西雅图、芝加哥等地已经开设了十几家分店。其完美的购物体验确实让人眼前一亮，但最打动我的，其实并非那些令人炫目的高科技：计算机视觉，深度学习算法，传感器及无人驾驶技术……而是其背后隐藏的设计理念：

降低用户的费力度，以技术创新提升整体的购买体验和价值。

科技以及商业模式的创新其实并不是目的而只是手段，其核心在于能否给用户创造价值。简单来讲，关于创新有以下两种逻辑：

方式一：从现有的核心能力出发，提升或者拓展现有领域。

方式二：从用户未来的需求出发，勇敢地进入未知领域。

亚马逊一直在坚定地走第二条路：为了用户未来的需求创造发明。这就是为何一家原本做电商卖书的公司，后来居然开发出 Kindle 自己打自己，并进而跨界做起了数据运算（AWS），还"不务正业"地斥巨资做起了 AI 智能音箱。如果我们只是从表面上来看，这些商业模式"形态各异"，但如果你正确地理解了亚马逊的企业战略及经营理念，那么这些貌似"混搭"的创新其实是一脉相承的，那就是：

从用户出发，反向驱动企业做出创新，为用户未来的需求发明创造。

8.5 "客户"不等于"用户"

记得有一次我在浙江大学的总裁班讲课，当我谈到亚马逊的书店里不会刻意地要求和引导读者现场买单，是因为亚马逊更希望与消费者建立长久的信任关系，而非一手交钱一手交货的买卖关系，所以依照这种以用户为中心的企业战略，企业的经营者需要全方位、端到端地去追踪和分析所有的购物场景，然后找出对消费者最便利、最有价值的那个，将他一举拿下时，一位学员站起来问我：

"Peter老师，我发现了一个有趣的现象：在你讲解亚马逊书店和食杂店的过程中，你自始至终都在用'用户'这个词，而'客户'却几乎没有出现过，你是刻意这样做的吗？如果是，为什么？"

这可真是个价值百万美元的好问题啊！别看这两个词只有一字之差，但是其背后却深有玄机，接下来就让我好好地跟大家聊聊用户和客户到底有什么不同，以及这对用户体验的提升和企业增长有何重大的意义。

先来看看不同叫做下交易的实质。

客户：一手交钱一手交货，在交易发生的现场实现双方价值变现，同时买卖关系结束。

用户：专注于建立关系而非完成交易，双方的价值变现是在使用产品和服务而非购买时发生的。

其实我在加入互联网行业之前就曾经在传统零售企业负责过多年的用户服务和用户体验提升项目，在那个时候我是没有将"用户""客户"区分开的——因为以我当时的理解这二者并没有什么本质的区别，可是在进入互联网行业之后——尤其是在乐视工作的那段时间，我对这两个词有了非常深刻的理解。

8.5.1 乐视的互联网电视为何要卖得那么便宜

在 24 年的职业经历中，我曾经供职过 8 家企业——最长的是戴尔（11 年），最短的就是乐视（6 个月）。虽说时间不长，但在乐视工作的那段经历却给我留下了刻骨铭心的印象。

下面让我来和大家详细聊聊在乐视工作的那段经历，是如何帮助我更加深刻地理解"客户"与"用户"的差别的。

我是 2015 年年中开始接触的乐视，当时经过猎头的牵线，我和乐视集团中的数位高管进行了面谈，最后下定决心为了"情怀"，勇敢地冒一次险。之所以将加入乐视称为冒险，是因为当时市场上对乐视的所谓"互联网生态"存在着诸多的质疑和不解——记得在我正式入职之前，一位在传统家电行业工作了几十年的资深经理人朋友就特地打电话来劝我，让我千万别去乐视，他的原话是这样的：

"Peter 兄弟，怎么连你这个老江湖也这么容易被忽悠啊？！乐视的那一套根本就是在骗人的你还看不出来吗？我在家电行业这么多年，对这个行业的游戏规则和盈利模式一清二楚，现在乐视和小米搞的什么互联网电视、互联网手机，那根本就是赔钱赚吆喝的假把式，我还不清楚一台电视机的成本多少钱吗？再加上运输、维修和市场成本，他们现在的那种价格根本就是卖一台亏一台，连成本都收不回来，这种生意怎么可能长久呢？！"

时至今日，我都还清晰地记得我的那位朋友说过的这些话。可结果呢？乐视确实是垮了，可是小米却是越做越好，其产品也由最早的单一的手机，发展成了以智能手机为基础，以手机配件、智能设备、生活消费品为衍生物的完整的生态体系，智能手机、物联网、新零售这"三驾马车"，一路驱动着小米的市值不断创新高。

作为一个在职场工作了20多年的"老江湖"，以及在全国十几所高校MBA、EMBA中心担任客座教授、企业导师的职业经理人，其实当初我对乐视的这一套做法也是将信将疑，尤其是对智能终端的价格定位深感不解。要知道我当时是整个集团所有终端设备服务维修和用户体验的负责人，手中掌握着手机、电视的所有成本数据，所以我很清楚地知道，以那种价格卖硬件根本是赚不到钱的。

既然卖一台亏一台，那么乐视为什么还要以这种方式坚定地推广各种互联网生态硬件呢？其实道理很简单，那就是你（企业经营者），究竟把掏钱给你的消费者看成是"用户"还是"客户"：

如果你把消费者当成"客户"，钱货两清之后各自不再联系，那么你就必须卖一台赚一台的钱，否则就一定会亏本乃至倒闭。因为在你的商业模式中，除了赚取硬件、配件和售后维修的利润之外，并没有其他的收入来源。

可乐视却把消费者看作可以一辈子与其建立关系的

"用户",除了硬件设备的利润,其还有其他更加重要和隐蔽的钱想要赚,那就是内容、应用和平台。

8.5.2 乐视眼里的"用户"与"客户"

下面这幅图就是我根据乐视的"互联网生态战略"而画出的极简版的解读:

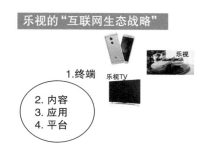

乐视的所谓互联网生态其实包含四个要素:

(1)终端:包括手机、电视、无人驾驶汽车及各种衍生类的智能产品。这些硬件其实都是入口,乐视就是希望通过这些设备的推广将尽可能多的用户拉入其生态体系当中,然后在用户使用这些设备的过程中,不断地去与之互动,并最终通过内容、应用和平台这三种渠道实现价值变现。

(2)内容:乐视最早就是靠视频会员起家的,其手中握有大量影视作品的版权,再加上自己后来投拍的一系列电影和电视剧(《长城》《芈月传》《太子妃升职记》等),中甲、英超、西甲等热门体育赛事的转播权,以及自主开发的网络游戏……这一切都为"乐视会员制"的推广提供了强有力的价值保障。

（3）应用："互联网汽车其实就是装了四个轮子的智能手机，其核心价值在于手机里的各种应用（App）。"这是贾跃亭的原话，因为在他的心目中，这些应用才是支撑起整个生态系统的核心价值，终端只是入口，内容和应用才是关键，因为最终乐视要打造的是一个可以涵盖每个用户所有生活和工作场景的无比巨大的平台。

（4）平台：让我们闭上眼睛来设想一下这样一个场景，当清晨的第一缕阳光透过纱窗洒进房间，我们通过乐视的智能家居系统打开了互联网电视，一边收听新闻一边准备好今天的行程，吃完早饭当我们走出家门时，乐视的互联网汽车已经在门口待命，因为先进的无人驾驶技术解放了我们的双手，于是我们可以通过车载的乐视应用，进行购物（乐视电商）、社交娱乐（赛事直播/游戏/影视视频）、商业活动（云计算/互联网金融）……几乎你能想到的所有的生活和工作场景，在这个巨大的平台上都被一网打尽！好一幅欣欣向荣生机盎然的盛景啊。

作为一个曾经的亲历者，抛开最终的结果不谈，我觉得乐视的互联网生态理论，其实还是有不少可取之处的，这其中就包括关于"用户"和"客户"的严格区分。

记得我加盟后不久第一次在乐视参加总裁会时，就因为发言时不小心提到了"客户"这个词而被贾跃亭立刻打断：

"Peter，在乐视是没有'客户'的，因为我们的眼中每个消费者都是'用户'，只有把他们都当'用户'对待，乐视最终才能赚到钱。"

如果你把掏钱的消费者当作"客户"，那么在你的眼里，实现价值变现的场景就只有一个单点：也就是买卖交易发生的现场，比如线下的电器城、线上的电商网站、大百货公司……这时你的利润来源就只有设备本身的差价以及少许的售后维修或者配件利润。

可如果你转换思路，把每位消费者都当作"用户"，那么此时你眼里的世界将一下子变得开阔起来，由原来的单点、单维度，一下子变成了下面这种错综复杂的渔网图，而其中经纬交错的每一个结合点，都有可能成为你与消费者之间实现价值变现的机会——当然最终选择哪一个，还是应该以用户价值的最大化为原则。

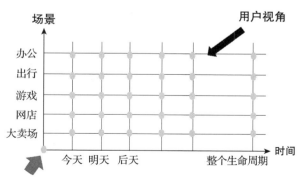

搞懂了这个道理,大家就能彻底明白为何亚马逊不会在其线下书店里搞那些买二送一、限时抢购",让消费者立刻掏钱的营销活动了——因为对于亚马逊来说,它与"用户"的交互并不是只有线下店这一个场景,除了线下书店,它还有电商平台、Kindle阅读器、视频音响产品。再从时间的维度来说,即便因为不够便利、用户评论不好或者其他的用户自身以及企业方面的原因,以至于用户不愿意在今天购买,那也不要紧!因为亚马逊靠与用户建立信任关系来生存,只要用户信任其品牌,那么就算今天不来买,他们明天还是会来的;就算他们不买书,他们也会去网站买锅、买食品、买汽车、买游艇……

读完以上内容,我希望大家再也不要叫那些花钱买你的产品和服务的消费者为"客户"了,因为要想长长久久地赚他们的钱,那你就必须把他们当作"用户"!

要素5：组织人才

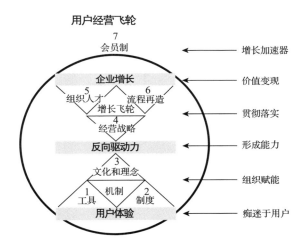

先人后事，要做到"你的人才就是你的企业"！从用户的需求出发，回答好以下三个问题：

(1) 如何定义"对"的人？

(2) 如何招聘"对"的人？

(3) 如何发展和奖励"对"的人？

第 9 章
要素 5：组织人才

9.1 谁是"对"的人

谈完了"用户经营飞轮"的第四个要素经营战略后，在接下来的几节当中，我将带领大家一起来深入探讨第五个要素：组织人才，也就是如何从用户出发，来反向搭建企业内的各级组织，同时通过独特的招聘机制，来分步骤定义好"对"的人，招聘到"对"的人，并最终留住"对"的人，这样才能真正产生积极正向的影响。

"对"的人将帮助我们设计和定义出"对"的企业战略和经营体系；而"对"的企业战略和经营体系又能反过来吸引更多卓越的人才进入企业，从而更好地为用户服务，并最终推动企业的增长，实现公司业绩与用户体验的良性互动。

首先让我们从第一个问题开始：谁是"对"的人？

9.1.1　亚马逊独特的用人理念：先人后事

记得在亚马逊工作时，我就从美国同事那里听说了不少杰夫·贝佐斯的名人轶事，其中有一条是读书。据说杰夫·贝佐斯从小就很爱读书，他不只是自己爱读书，也喜欢向公司的管理人员推荐他认为对其有较大影响和启发的好书，比如这几本书：

《基业长青》《从优秀到卓越》《创造》《创新者的窘境》《精益思想》《目标》《数据驱动市场》……

坦率地讲，其实其中大部分书在加入亚马逊之前我就已经读过了，有些甚至读过不止一遍（比如《从优秀到卓越》《精益化管理》），因此一开始我对杰夫·贝佐斯为何从浩瀚的书海中只推荐这几本"过气的"图书颇感不解。但是随着对亚马逊了解的加深，尤其是离开这家公司后当我开始反思和总结开发"以用户为出发点，反向驱动企业增长"这套独特的"用户经营飞轮"理论时，我又重读了杰夫·贝佐斯推荐的这些经典著作，这时才有了一种恍然大悟的感觉。

原来那些我曾经深以为然的，以为是他原创的，无比睿智、超前、精妙绝伦的管理理念和方法，其实都是他从这些"过气的"经典著作中学来的！这其中就包括本节中我们要探讨的一个问题：我们到底需要什么样的人？"对"

的人对企业的价值和意义到底是什么？在这一点上，亚马逊的理念和做法就深深地受到了柯林斯的《从优秀到卓越》这本书的影响，其基本的逻辑是：先人后事，让"对"的人发挥最大的价值。

在加入亚马逊之前，我已经在各种类型和风格的公司摸爬滚打了近20年的时间，从前端的市场销售，到后端的服务、运营、工厂管理都一一经历过，并带领过本地和跨国的大型组织，因此对管理组织和人并不陌生，可正是有了先前这种"丰富"的实战经验，反而让我在刚进入亚马逊时颇感不适，这其中就包括招什么样的人以及怎样招人。

9.1.2 应该招"合适的"员工还是"最好的"员工

进入亚马逊之前，我觉得企业在"招什么样的人"这一点上最应该遵循的原则是：招"合适的"的人，而非"最好的"人。

如何理解呢？所谓"合适的"人就是指那种中规中矩、招来立刻就能用的人；而"最好的"人是指能力、格局、经历、知识都远胜团队中现有的人，甚至是行业中顶尖的人才。

那么为何在加入亚马逊之前我会更偏向于招"合适的"人呢？这是因为如果不这样做，而去招聘那些"最好的"人，将会产生以下几种风险：

（1）招聘成本太高，性价比不够高。从某种意义上讲，招聘跟买东西是一样的道理，你想要好的就必须付出更高的成本，比如说招人的时间就会延长，付给猎头的费用就会增加，而且这类人通常对薪资和福利的要求也比普通人高……这一切加在一起就会明显地拉高成本。

（2）管理成本太高，不利于组织团结。招聘一个比目前团队中的人都好，甚至比自己都还强的人，这是非常具有挑战性的冒险行为，因为这类人通常都特别有想法，而且极具个性，他们大多具备"挑战现状"的行为习惯，这样一来就会显得非常"不合群"，管理者需要很好地平衡他们与旧有的团队成员之间的关系，这对管理者而言不是一件轻松的差事。

（3）不安全。这也是大多数管理者心知肚明但却嘴上不敢说出来的事实。如果每一个经理人招聘的都是极具发展潜力的人才，甚至一来就有可能超过自己，那么自己还有什么前途呢？谁会傻到招一个将来会替代自己的人呢？

就是抱着这种现实主义的想法我加入了亚马逊，结果一接触到实际的案例，就让我颇感不适应，因为亚马逊那种"吹毛求疵"的做法会极大地增加业务管理者的困难。

举个例子来说，因为始终坚持高标准——亚马逊十四条领导力原则中就有一条"选拔和发展最好的人才"，因此经常会发生某个岗位（包括补充离职人员＋新增岗位需求）

的招聘需求已经提出了好久可就是招不到"最好的"人，于是一直在那里空闲着。这对于我们这些管理日常运营的人来说，就意味着一个人可能要干两个人甚至三个人的活。

记得在刚开始的一年里，因为招聘的事我经常跟我的上级以及人事部和 BR 发生冲突（关于 BR 我们会在后文中详细进行介绍），可令我遗憾的是，这群人无论怎样都不肯听我的话。但是做着做着，我开始逐渐意识到这种貌似"不知变通"的做法，其实对于组织能力的提升相当有帮助，只是你必须要有耐心，再加上公司层面的整体的机制建设，这样才能将其独特的威力发挥到极致。

9.1.3 怎样定义谁是"对"的人

那么亚马逊在如何定义"谁是组织最应该招聘的人？"这一点上有何特殊的做法呢？根据我的亲身经历以及事后的反思，再加上和其他企业的对标分析，以下几个具体的方法是我觉得对企业的管理者而言非常有启发和借鉴意义的。

1. 学会问问题（尤其是高层管理者）

（1）你钦佩这个人吗？

（2）这个人的加入，能提升组织的整体效能吗？

（3）你能从他/她身上学到什么？

（4）他/她可以在你的团队中排第几？

（5）这个人有何过人之处或非凡成就？

其中让我印象最深刻的是倒数第二条：他/她可以在你的团队中排第几？

记得在进入亚马逊后的第一次招聘中，我就被老板问到了这个问题：因为确实在内心里不是特别的认可亚马逊的招聘理念（Hire the best），于是为了保险，我在确定了一个人选但还没有发正式的录取通知之前，我主动的找到自己的老板特地汇报了一下这件事。当他听完我对这个候选人的背景、能力的介绍和评价之后，我的上级并没有做出"招"或者"不招"的明确指示，而是问了我以下的问题：

"Peter，目前在你的团队中像他这样的下属一共有几个？如果让你将他和其他的人进行排名，那么你觉得他会排在第几名？"

这真的是个我以前在招聘下属时没有考虑过的问题，于是我思考了片刻回答道："根据我现在对他的了解，估计他能在我的九个下属中排第六或者第七的位置。"。

"既然排名如此靠后，那就意味着你的团队以及你本人，并不会从他的身上学到多少东西。既然如此，那么我们招他的价值和意义又在哪里呢？所以 Peter，我建议你最好还是再提高标准，去更加努力地寻找那些能排到第二、第三甚至是第一名的人选，这样你的团队才能进步，而你们所服务的用户也才能最终的受益。"

只有把最好的人招致麾下，才能让他们不断地挑战现状，推动着组织不断地进步，这才是"对"的人应该有的样子。

2. 绝不妥协

招不到"对"的人那就让招聘需求一直保留，绝不向"我现在急需人干活"这样的理由妥协，因为如果只是为了完成招聘而去招聘，那么整个组织的管理者就会越变越懒：其实所谓的"急"，很多都是可以避免和提前解决的，如果你能定期做好整个组织的"接班人计划（Succession Plan）"，那么你就会预估到各个岗位的未来人才需求，以及现有潜在人才的挖掘和培养，这样即便有意想不到的人员流失，也不会让整个组织的运营立刻受到影响。如果管理者总是处于"救火"的状态，那么长此以往，他们会更加没有时间和意愿去做长期规划的事情。

所以决不妥协！在人的问题上始终保持高标准。

3. 如果不是"对"的人，那就早点散伙

立刻找一个人上岗干活，貌似十分"高效"，但其实对组织的危害却非常大：因为他们并不是"对"的人，所以极有可能工作了一段时间之后才发现"这不是我想要的地方"，然后离职跳槽。这样你就必须重新招人。请问这是不是额外的成本？（时间/金钱/工作交接/新员工再次培训……）？而比浪费金钱和时间更加严重的是，如果他们根本就不是我们想要的，具备了正确的"以用户为中心"的行为习惯和思想的人，那么他就算不走，也一样会对用户和公司造成极大的伤害：因为他每天工作得不情不愿，效率低下，对用户"漫不经心"，请问这样的人是不是早点"礼送出境"更好呢？

在这一点上美捷步的做法就十分值得学习，他们有一个叫作"离职奖金"的项目：按规定所有新进员工第一个月都必须去客服中心当接线员，像客服代表一样帮助用户处理问题，在第一个月内如果有人觉得这不是自己想要的工作，或者这家公司和我想象的不符，那么可以立刻提出辞职，公司不但工资照付，还会额外给你一笔 2000 美元的"奖金"，鼓励你尽早离职。

这就是为何美捷步能找到一大群乐于帮助用户，给用户提供意想不到且极具个性化的惊喜服务的客服代表，因为对于企业来讲他们都是"对"的人；对于员工来讲，这里就是"对"的地方。

这种做法后来被亚马逊学习借鉴，广泛应用于仓储物流中心的新员工鉴别中。

亚马逊就是靠着这套理念和方法，在过去的 20 多年里聚集了大量的"对"的人，帮助公司一起创造了一个个商业奇迹。

最后，让我们用杰夫·贝佐斯的原话作为本节的收尾："你的人才就是你的公司！"（Your people is your company！）

只有定义好谁是"对"的人,你的企业才会有未来!

9.2 怎样招到"对"的人

当我们用上节所讲的方法确定了"什么才是'对'的人"之后,第二个问题就会接踵而来,那就是:怎样才能把"对"的人招进来?

大家不要以为定义好了什么是"对"的人才之后,把他们招聘进来只是一件顺理成章的"小事",其实这件事比定义人才标准要复杂和困难得多。因为所谓的定义人才标准,只不过是一件讲究政治正确的花架子,每个管理人员都可以闭着眼睛非常轻易地喊些大道理或者做些冠冕堂皇的承诺,假扮出一副求贤若渴的模样,但是到了动真格的时候,我看到的真实场景是下面这样的。

(1)武大郎开店——只招比自己矮的:因为这样才最安全,不会对自己构成威胁。

(2)一言堂——只招和自己长的一样的:这样的人知根知底而且好用听话,不会给自己捅娄子。

(3)实用主义,速度第一:如果招不到好的那就赶快招个能干活儿的人先来顶着,有总比没有强。

长此以往,整个企业内部就会变成一团死水,每个人都将讨好上级取悦老板当作最重要的工作,根本不关心用户、挑战现状、努力创新,这样的企业别说增长,连生存都成问题!

由此可见,如何保证各级管理者尤其是企业的中基层管理者都能将"对"的人才招聘进来,这绝对是一个非常考验组织执行力的难题。那么在这一点上,亚马逊有什么独特的成功经验呢?接下来就让我按招聘的实际流程,分三个步骤来给大家详细讲解。

(1)面试前:确定需要招聘岗位的能力需求(领导力原则)。

(2)面试中:详细记录候选人的回答。

(3)面试后:总结+做决定。

9.2.1 招聘中的"搅屎棍":BR

谈到亚马逊的招聘,我就不得不详细地跟大家介绍一个人:BR(Bar Raiser),翻译成中文,叫作"抬横杆的人"。和其他公司的招聘流程相比,这个人的存在是亚马逊在招聘这件事情上最大的亮点和不同。而这个人也是我5年亚马逊生涯当中,给我制造了最大麻烦和留下最多"痛苦"经历的人。

亚马逊很爱"Bar"这个词,内部经常会借用它来形容"标准/高度/质量/价值",比如之前我们介绍过的"CXBR——用户体验官",其实如果把英文直译过来,就是"用户体验的抬横杆者"。那么 Bar（横杆）最原始的含义是什么呢？其实它的本意是来自于一项体育运动：跳高。

跳高时横在架子上的那根棍子就叫作 Bar，它代表着高度和标准。当我们跳过一个高度之后就会有人立刻上前将其提升到更高的高度，然后我们就会深吸一口气，付出比刚才更大的努力，助跑起跳腾飞，去挑战更高的高度。

用户体验的标准 = Bar。

人才的质量和标准 = Bar。

为了保证并不断地提升这两个标准，亚马逊特别寻找、培训并认证了一批特殊的人，让他们来担任 Bar Raiser（调横杆者），同时制定了与之相配套的机制（流程/规定/工具），以便让这股奇特的力量真正发挥出最大的效能，不断提升用户体验以及人才的标准，从而实现企业的良好意愿：做地球上最以用户为中心的公司。

BR 的挑选标准：

（1）在识人方面目光敏锐。

（2）绝不因为业务压力而降低标准。

（3）坚信并亲身践行亚马逊的文化和领导力原则。

从上述的解读来看，BR绝对是一个十分积极阳光的正面角色，但如果从一个正在抓耳挠腮急于招人的招聘经理的角度来说，那么他们的形象就会立刻反转，用一个什么词来形容好呢？

搅屎棍！这个词真是太贴切传神了！！

这些"搅屎棍"究竟"可恶"到什么程度呢？接下来就让我给大家讲述一个真实的案例。

9.2.2 亚马逊招聘流程第一步：面试前的准备

记得刚到公司没多久，我的一个下属（某客服中心的总经理）就辞职了，于是我立刻在HR系统中提起了一个招聘需求，并通知HR尽快启动招聘流程——我只有一个月的过渡期，如果不能尽快招到人，那么我就要亲自上阵。

开关已经按下，于是亚马逊招聘的轮子就开始按部就班地转动了起来，首先第一步就是面试前的准备，在这个步骤里招聘部门的领导需要做两件事：

（1）确定需要招聘岗位的能力需求（领导力原则）。

（2）组成面试官团队。

根据我对这个岗位的描述（Role and Responsibility，角色与职责的要求），首先我要写出对这个人的能力需求，其中包括经历、背景、学历、专业能力等方面的要求。除此之外,我还要做另外一项更加重要的工作,那就是对这个岗位需要具备的"亚马逊领导力原则"做出定义和优先级选择。

在前文中我们曾经介绍过"亚马逊14条领导力原则",这是亚马逊对每一位员工尤其是领导者所做出的行为规范,一位卓越的领导者,不仅仅要会做事,更重要的是必须具备优秀的行为习惯,它是知识、能力、意愿的合体。正是因为深刻地理解和相信这一点,亚马逊在招聘时才将"面试者是否符合亚马逊14条领导力原则"放在了第一位。而要想让各级招聘人员真正做到这一点,那就必须从定义人才需求开始——这就是我要在面试前做这么多准备工作的原因。

好了,让我们再回到具体的案例中来说明怎样做到这一点:以我对客服中心总经理这个岗位的了解,我当时选择了以下三个领导力原则作为面试者最重要的判断标准:

(1) 用户至尚(Customer Obsession)

(2) 崇尚行动(Bias for Action)

(3) 敢于谏言,服从大局(Have backbone, disagree and commitment)

定义好需求之后,我就要和HR一起搭建面试官团队,同时和他们开会,详细沟通并帮助他们正确地了解这个岗位的需求,尤其是在领导力原则方面的要求。在这个案例中我们当时一共挑选了 7 个人担任面试官（单数）：

（1）招聘经理（我本人，中国区副总裁）。

（2）中国区运营部 HR 副总裁。

（3）中国区零售部副总裁（和我平级，分属不同的部门）。

（4）欧洲区客服副总裁（和我平级，属于同一条业务线，汇报给同一个上级）。

（5）中国区仓储物流副总裁（和我平级，分属不同的部门）。

（6）全球客服项目管理副总裁（和我平级，汇报给同一个上级）。

（7）抬横杆者（BR，来自供应链管理部门，和我没有上下级汇报关系）。

如果仔细观察这些面试官的背景和汇报关系，你就会发现，我如果想在里面"搞鬼"将会非常不容易：因为这群人和我都没有直接的汇报关系，而且大多分属于不同的部门，这样就从面试官的人员组成上彻底避免了"一言堂"的局面。在这里我需要重点强调的是：那个搅屎棍（BR）就赫然在列！因为按规定，一定级别之上的人员招聘，BR是标配，没有商量的余地！

9.2.3 亚马逊招聘流程第二步：面试

沟通清楚岗位需求并搭建好面试官团队之后，我们就开始第二步面试了。

除了那些一般面试环节中的常见动作之外，亚马逊有一点和其他公司颇为不同，就是要求每一位面试官都要将对候选人的评判以及具体的对话过程统统记录下来，并存在 HR 系统当中，以备第三步之用——这对于面试官来讲真的是一个不小的"负担"。

9.2.4 亚马逊招聘流程第三步：总结+做决定

当所有人的面试结束之后，最奇葩的第三步就到来了：总结+做决定。

让我们再回到这个真实的案例中，因为有不同地域的面试官参加，所以那次的总结+做决定是以电话会议的形式进行的。

首先由 BR——也就是那个搅屎棍——先发言，告知与会者今天会议的目的和介绍参加人员，然后大家登录 HR 的面试系统，调出所有面试官在里面预先写下的面试评价及具体的问答细节，一一进行阅读。大概 20 分钟之后，确认所有的人都已阅读完毕后，BR 会要求大家先进行一轮投票，如果意见不统一，则讨论正式开始。

这时亚马逊的领导力原则又一次成了讨论的焦点，大家开始围绕着之前由我定义的那三条最主要的领导力原则展开激烈的争论（用户至尚；崇尚行动；敢于谏言，服从大局），记得当时大家是这么讨论的。

欧洲区客服副总裁："我投反对票，这是因为通过我的观察和判断，我认为这位候选人并不符合'用户至尚'的领导力原则，具体的原因是这样的：当时我问他的相关问题是×××××，他给我举出的实际场景是×××××，他当时采取的行动是×××××，最后的结果是×××××，通过'场景—行为—结果'的三段式描述，我觉得他并不符合'用户至尚'的领导力原则，因此我投反对票。"

中国区零售部副总裁："我投赞成票，因为通过我的观察和判断，我觉得这位候选人符合'用户至尚'的领导力原则，具体的案例是……（场景—行为—结果），因此我投赞成票。"

在接下来的半个小时里，在 BR 的带领下各位面试官摆事实讲道理，通过大量的实际案例而非主观的判断，来彼此印证。注意，因为各位面试官来自不同的部门，同时彼此间也没有汇报关系，所以谁也不怕谁，我（面试岗位的直属上级）想"一手遮天"，那几乎是不可能的。

在讨论过程中 BR 有可能会要求多次投票，以便及时收集面试官的最新反馈，从而动态、高效地做出决定。因为随着更多案例的补充和澄清，面试官的决定是有可能改变的，经过近 30 分钟的讨论，最后的时刻到来了：做最终的决定。

在亚马逊的招聘中,是不搞什么民主集中制的,比如说如果达不成共识那就少数服从多数。对于亚马逊来讲,招聘是一项需要慎之又慎的极其重要的工作,绝不能为了妥协而降低标准,如果始终达不成共识,这时那个代表"标准"的人就会站出来主导会议的进行——因为 BR 具有一票否决权!

如果他通过自己的亲自面试,以及每位面试官在 HR 系统中所记载的详细面试经过、问题以及候选人的回答,再加上刚才在会议中大家的澄清和争论,坚定地认为这位候选人并不是"对"的人,也就是并不符合那三条最关键的亚马逊领导力原则,那么他就会毫不犹豫地拿出"尚方宝剑",一票否决。

一群只会对上级唯唯诺诺、每天讨领导欢心的下属,是不可能搞出真正有价值的创新的;一群只懂上级而不懂用户,只在意老板的喜好而无视用户的痛苦的下属,是不可能打造出真正以用户为中心的企业的。这种思维方式和理念不应该只存在于决策层,更应当通过招聘机制的建立,推广到公司的每一个层面尤其是中下层的管理人员。

请记住杰夫·贝佐斯说过的那句话:"你的人才就是你的公司"只有让每一位招聘者都能在心中树立起这种正确的理念,同时在组织中建立起像亚马逊这样的招聘机制,真正"对"的人才能源源不断地被你招致麾下,为你和你的用户创造价值!

9.3 如何发展和奖励"对"的人

通过对前两节的学习,相信大家对亚马逊独特的人才定义,也就是谁是"对"的人,以及如何用强有力的招聘机制把"对"的人招进来,已经有了非常感性的了解。那么本节我就带着大家进一步来聊聊千辛万苦地把"对"的人招进来以后,接下来应该如何发展和奖励这些人才,让他们长久地为用户和企业做贡献,这样三个步骤才能形成一个闭环,从而让"用户经营飞轮"的第五个要素——组织与人才——发挥出最大的效能。

员工之所以不想留下来或者留下来了不干活,无非就是两个原因:要么钱没给到位;要么干得不开心。把"对"的人才招进来其实只是万里长征的第一步,接下来要做的工作才是真正考验一个组织能力高低的试金石。

在一家被评为"全球最具创新精神企业"的公司工作,我个人最大的感受,就是身边总是充满了精英:有些人技术特别精尖,有些人思维方式特别新颖,有些人的经历非常独特……总之就是我在自己身边总是能够很容易地找到几个可以学习的对象,这可能也是亚马逊的创新项目总是层出不穷的原因吧——因为它能留得住这样一群"人物",并让他们心甘情愿地为企业服务。

有实际团队管理经验的人都会知道，要想管理好这样一群人绝非易事，因为这帮家伙在创造力爆棚的同时，"破坏力"也是相当惊人的：不合群，固执己见，思维跳跃……那么亚马逊究竟是靠什么神奇的方法不但能够留住这些人，而且还能让他们发挥出各自的优势形成合力，为用户创造发明呢？根据我的总结，以下几点就是其独特的人才管理和发展的核心：

（1）独特的薪酬结构。

（2）关注长远目标+痴迷于用户的底层逻辑。

9.3.1 亚马逊的薪资结构

首先让我们来谈谈亚马逊的薪资结构。从大类上来说，亚马逊全职员工的薪资分为以下三部分。

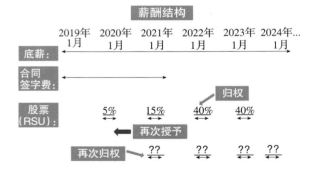

（1）底薪：按月发放，每年有一次调薪的机会，但是一般涨幅不大。

（2）合同签字费：入职前谈定金额，然后分两年发放（这是因为亚马逊独特的薪资结构会让大部分新进员工在前两年的实际收入降低，因此特别用签字费的方式进行补偿）。

（3）股票（RSU）：这是最让人期待的部分，因为亚马逊在过去20年间的股票价格涨幅，确实给了员工巨大的惊喜！既然这部分如此重要，那么在此我们就多花点时间来仔细了解一下。

在入职前的谈判阶段，双方会根据亚马逊股票最新的价格，以及候选人当时的薪资水平，确定一个股票的授予数量，并在录用通知中注明。入职之后这些股票将会在4年内逐步"归权"给员工，其比例为第一年5%，第二年15%，第三年和第四年各40%。对于归权之后的股票，员工可以随时进行售卖——当然如果你看好亚马逊的未来，那么也可以长期持有。除了入职前一次性谈定的这些股票，员工还可以根据自己入职后的实际表现，从第二年开始参加"年度绩效考评"，按不同的打分级别再次被授予数量不等的股票，而这些入职后才被授予的股票，会遵照同样的逻辑进行归权。

举个例子来说：假设你在2019年1月入职，根据之前的约定亚马逊答应一次性给你1000股RSU，那么这批股票的5%（也就是50股）将会在2020年1月归权给你，这时你就可以在纳斯达克出售了。而其他的 950 股 RSU 将按同样的方式以不同的比例分次授予给你，到你可以 100% 出售这 1000 股 RSU 时，要等到 2024 年 1 月之后。除了这 1000 股之外，从 2020 年开始你就有资格参与每年的绩效考评了，比如你在 2020 年的表现非常突出，被评为了"TT（亚马逊绩效考评的最高级）"，那么此时你就有可能被再次授予 500 股 RSU，这次授予的 500 股 RSU 将从 2021 年开始分 4 年逐步归权完毕。

其实类似这样的股票或者期权的发放规则并非亚马逊独创，许多公司都采取了类似的做法，通过我加入亚马逊之前在其他家企业工作的实际经历，以及在给其他公司做辅导时了解到的信息，我发现亚马逊的这套做法和其他公司相比有很大的不同，其中最突出的就是支撑整个薪酬体系的底层逻辑十分独特，而且都与公司的基本价值观和愿景相关，那就是：

（1）关注长远目标。
（2）痴迷于用户。

那么刚才我介绍的那套做法是如何体现"痴迷于用户"和"关注长远目标"这两点的呢？接下来就让我详细介绍一下亚马逊最基本的绩效考评逻辑和工具。

9.3.2 绩效考评的方法与底层逻辑

首先让我们来回想一下大多数公司的绩效考评规则，其基本的做法就是将每个员工在过去一年（或者一定的时间周期）内的实际工作表现与年初设定的KPI进行对比，然后根据完成的情况按一定的数学模型给出具体的分数，再乘以不同的系数，这样每个人的年度绩效考评结果就被计算出来了，最后再由上级领导给出预算总额，按照奖优罚劣的原则将钱合理地分配出去就完了。这套逻辑不只是适用于奖金发放和加薪调级，也同样被用来决定谁才有资格升迁到更高的职位，也就是评判和选择未来的领导者。

这种考评方法最大的一个弊端，就是过于关注**"当季"**的**"结果"**，而忽略**"长远"**与**"行为"**。举个例子来说，年度KPI通常都设定为数字化的目标以及结果导向的项目，将它作为绩效考评的依据这本身并没有错，但是根据我20多年实际的管理经验来看，如果纯粹地将KPI和当季的结果当作发钱和升迁的主要依据的话，就有可能催生出许多负面的影响。说到这里，如果你还没有理解的话，那么请认真地回答以下几个问题：

（1）为了拿到当季的奖金和得到下一步的升迁机会，员工（包括各级管理人员）有没有可能通过不正当的行为，或者只关心内部指标而无视用户的利益，来人为地改变数字，以便达成业绩从而让自己获益？

（2）你觉得今年业绩最好的员工；或者只关心本职工作而对帮助他人没有任何意愿的员工；以及非常能做事但却缺乏大局观、没有用户第一的思维模式、不敢突破现状做事因循守旧的员工，将来一定会成为称职的或者有发展潜力的领导者吗？

（3）你觉得能够伴随和支撑着企业一路披荆斩棘，历经艰辛，无论多么困难都不离不弃的员工，是那些能够超额完成 KPI 指标的金牌员工？还是那些认可和接受公司的价值观、经营理念和伟大愿景，符合企业行为规范并看好企业光明未来的员工？

我从未说过"结果"不重要，但在绩效考评尤其是员工升迁中更应该被看重的，其实是正确的"行为"而非"短期的结果"，正是遵循着这一原则，亚马逊在绩效考评和随后的薪资奖励中，将"结果"（实际业绩）与"行为"（领导力原则）进行了有机的组合与明确的分工：

（1）当季的奖金以当季的 KPI 完成情况为主要的衡量标准，多劳多得——这叫短期（奖金）对短期（KPI 结果）。

（2）股票的发放，以员工在"领导力原则"方面的实际表现来评判，根据一套科学的打分系统来进行分数的计算，然后按照每个人分数的高低进行组织内的排名，并最终根据排名的先后顺序发放股票——这叫长期（股票）对长期（行为）。员工的升迁也是按照同样的逻辑进行，也就是更看重行为（"领导力原则"方面的表现）而非短期的业务结果。

绩效考评

实际工作业绩　　　　　　**领导力原则**

这就是我对亚马逊的这套发展和激励人才的方法十分认可的原因：首先是它与公司最基本的经营理念相吻合——关注长远目标＋痴迷于用户。根据我在亚马逊 5 年的个人经历与观察，其实真正能够留住员工并给人以无限想象空间的，是亚马逊的股票。因为亚马逊员工的固定收入与市场行情相比，通常也就是处在 50% 的中位线左右，而且每年调薪的幅度并不大。因此如果想靠这部分钱来留住人才，那几乎没有任何竞争优势。

可能是意识到了这一点，再加上亚马逊从创业初期就清晰定义的企业愿景和理念，于是在薪资结构和奖励机制的设计上就特别突出和坚持"长远"和"用户"这两个基本原则。

何为股票？短期来看它是投票器，而长远来看它就是体重秤。说到底，最终决定一家企业的股票价格和市值的，绝非那些只能拿来短期炒作的噱头（奇葩的商业模式、让人惊悚的营销活动、人为创造出来的利好消息），而是这家企业的经营理念、经营能力、科技创新以及价值观和文化，所以股票这种可以称出一家企业长远"重量"的东西，怎么能跟"短期"的结果挂钩呢？另外，亚马逊的那些股票最少也需要 4 年才能完全归权，对一个并不认可亚马逊的愿景、文化和价值观，或者只想着赚快钱但并不看好亚马逊未来的员工来说，这些股票就算是给他其实他也拿不到——极有可能一两年之后这家伙就跳到其他的公司去赚快钱了。既然如此，你说当初为什么不把这些珍贵的，代表着长远价值的股票都分给那些愿意和我们长相厮守的员工呢？

除了"关注长远目标"，这套规则也将"痴迷于用户"体现得淋漓尽致，这就是关于"领导力原则"的打分：如果大家还没有忘记的话，在我之前介绍过多次的亚马逊 14 条领导力原则中，首当其冲的就是"用户至上"，这是亚马逊领导力原则的第一条，也是最重要的一条。

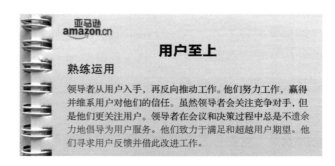

在为员工进行"领导力原则"评估时,每位打分者都会聚焦于这位员工的行为,而非他当季的业务表现。亚马逊不接受"只要结果好,那么过程和行为不重要"这样的解释,尤其是当这种结果与用户体验息息相关时,行为正确与否就成了唯一的评判标准,哪怕短期的结果(数字)并不理想,但只要管理者相信,这名员工正在遵循一切以用户为中心的理念,利用自己的正确判断,做着对用户有益的事情,那么他在"领导力原则"上的打分就一定不会差。

定义"对"的人,招聘"对"的人,发展和奖励"对"的人,这就是亚马逊在组织和人才上的三部曲,到此我们就把"用户经营飞轮"第五个要素解释清楚了。

要素6:流程再造

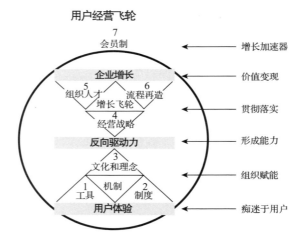

关注投入而非产出,始终把用户的价值诉求作为设计内部业务流程的出发点,这样才能真正地做到"倾听用户的声音,但你不能只是倾听,还要代表用户去创造和发明"。

第 10 章
要素 6：流程再造

10.1 以用户视角定义新产品

10.1.1 为何要开用户体验官审核会

在前文中我曾经给大家专门介绍过我在亚马逊担任过的一个职务：用户体验官，以及这种"1 万人里才有 1 个的"角色平时都需要做些什么工作，想必大家对此还有些印象。其实除了我曾经介绍过的那些工作，亚马逊的用户体验官在指导新产品设计上，也同样承担着至关重要的职责——因为其具有一票否决权，也就是说，如果你设计的新产品不能被用户体验官（其实从本质上来讲，是用户）所接受和认可，那么最终是无法真正立项和付诸实施的。

特别说明：此处的新产品包括但不限于硬件产品（手机/Kindle/Echo 音箱等）、商业模式（AWS/亚马逊食杂店/

开放第三方卖家平台等)、市场营销活动(Prime Day/"黑五"大促/满 88 免邮等)、网页设计、App 开发,总之可以这样说,只要是和用户相关的,或者直接以及间接可能对用户体验造成影响的所有内部项目,都可包括在内。

这可绝对是一项覆盖范围极广、管理难度极高的工作!可亚马逊在全球一共也不过几十位用户体验官,那么他们是如何做好这项工作的呢?接下来就让我用一个实际案例,分步骤地给大家详细讲解一下,什么是从用户的视角定义新产品设计。

在亚马逊内部有一个惯例:各级领导会建议和鼓励其部门中的产品研发和项目管理经理,在新产品(其范围请参见上文的"特别说明")研发阶段的早期,就尽快去约用户体验官的时间,开一场名为"用户体验官审核"的会议,这样才有可能确保最后的研发和设计上线成功实施。

由此可见,"用户体验官审核"在亚马逊的新产品设计流程中起到了至关重要的作用。那么这个审核会议到底是怎么回事呢?它又是如何做到将用户带入到新产品设计当中的呢?

用户体验官审核会议的步骤:

(1) 阅读新闻发言稿。

(2) 问答环节。

(3) 视觉化展示。

10.1.2 会前准备：新闻发言稿/视觉化的产品

在与用户体验官约定好时间之后，新产品研发人员或者项目管理经理就需要在会议正式开始前做好准备工作：

（1）撰写一份只有一页纸的新闻发言稿，外带详细的"自问自答"。

（2）将你的设计理念、产品、路径、价值完整地"画"出来。

首先来说说"新闻发言稿"。假设你是公司的手机研发经理，最近你们想推出一款新手机，这时你的老板要求你尽快和用户体验官聊聊，于是按照一般的做法，你首先需要为一场虚拟的"新闻发布会"准备一篇发言稿，这篇稿件的长度不能超过一页纸，其目标读者就是你们正在研发的这款新手机的未来用户，稿件的内容必须能够清晰、准确地回答以下三个问题：

（1）谁是用户？

（2）这款新产品想要解决用户的什么问题？

（3）这款新产品给用户创造的最大价值是什么？

为了更好地以及前瞻性地解释和澄清"记者们"（其实是用户）看了新闻发言稿之后可能产生的问题和疑惑，你还需要写一份更加详细的"自问自答"（Frequently

第 10 章 要素 6：流程再造

Asked Questions，FAQ）来作为补充，其发问的角度可以从用户/合作伙伴/产品经理/客服代表出发，其目的在于帮助自己和"记者们（用户）"更加详细准确地搞清楚，在这款新手机上可能产生的用户体验是什么样的。

在完成了新闻发言稿和 FAQ 之后，接下来产品和项目经理们就要开始画画了：用视觉化的方法将你的产品呈现出来，它可以是用软件做出来的模拟图，也可以是纯手工的涂鸦，或者动画展示，总之就是要尽可能准确、详尽地描述清楚，用户在未来使用这款产品时可能遇到的最重要的场景是什么，成功的路径是什么样的，不好的体验又能糟糕到何种程度。这样做的目的并不是要让设计人员想方设法地证明自己的思路、理念、方法多么正确，而是要倒逼着他们从使用者的角度来发现可能的遗漏和错误。

那么亚马逊这么厉害的科技公司为何要用这么"低级"的方法来展示自己的新产品设计呢？其原因就在于节约成本和赶时间：因为如果等新产品快要定型了才开这场用户体验官审核会，那产品经理当然可以拿出更具象或者更接近实物的样品，尽管这样看起来确实会更加专业和漂亮，但是这种做法却恰恰违背了用户体验官审核会的本意，那就是：

从用户出发，反向驱动内部所有的工作——当然也包括新产品设计。

用户体验官审核会最佳的召开时间不是在产品快要定

型的时候，而是越早越好，只有这样，用户体验官才能帮助每一位产品研发经理真正做到从用户的视角，而非从内部的技术视角出发，来为新产品的设计思路确定正确的方向。这样就能极大地避免和减少后续研发中可能出现的错误和损失，否则等到产品已经定型后再做调整和更改，其费用和成本就会相当高了。

做完了以上两项准备工作之后，正式的审核会就要开始了，接下来我就向大家介绍一下，在亚马逊是如何召开新产品审核会的。

10.1.3 问答环节+新产品展示

会议开始后通常由发起人（也就是产品经理）先做自我介绍，阐明本次会议的目的，然后介绍所有的与会人员。在新手机研发这个具体的场景中，通常的参会人员包括研发小组的核心成员、产品的利益相关方（比如生产和售后服务部门）以及用户体验官。简短的开场过后，就直接进入第一个环节：阅读新闻发言稿。

5分钟的阅读时间一过，我——用户体验官——就开始了正式的"表演"：

"请问这位研发经理，我刚才通读了你的新闻发言稿，但还是搞不懂这款新手机能带给我的好处到底是什么，比如你在里面说的'颠覆手机行业的全新设计'，这种设计能给我省10元钱还是拍照不用美颜也能立刻拿来发朋友圈？

还有,'完败竞争对手的芯片技术……'这句话对我的实际意义在哪里:是上网打开图片速度快了1秒,还是下载小视频时不死机?还是……"

总之,就是我要彻头彻尾地扮演好一个现实的、斤斤计较的、对亚马逊内部流程一窍不通、对手机技术一知半解,但同时却又非常苛刻的手机用户,也就是这款手机真正上市时,掏钱买单的各位买家。

在此我要特别强调一个背景:作为用户体验官的我,其实上学时学的是企业管理,之后又从事了市场营销、工厂运营和用户服务工作,我并没有太多的技术背景,更不懂网页设计、智能音箱开发以及电脑编程。而且不只我是如此,亚马逊全球其他的用户体验官也基本上和我类似,都是来自于不同的业务板块,从前端的零售市场,到后端的仓储物流、供应链管理、用户服务,当然也包括技术部门,那么亚马逊为何要挑选这样一群既不懂专业又不会技术更不能做新产品开发的"外行"来把关所有重大项目呢?

其实原因很简单,那就是因为亚马逊真实的用户,也和我们这些"外行"的用户体验官一样,既不懂专业又不会技术更不能做新产品开发,但他们却是最终决定这款新产品生死的人!

用户体验官审核会议与其说是对新产品设计的把关和检验,倒不如说是对内部员工思维方式和行为的一种辅导和教育:通过这种独特的,同时也是非常严格的审核流程,让每一位研发人员和项目经理都能在内心真正地树立起"一切以用户为中心"的正确工作态度和方法,彻底避免那种"以技术为中心/以竞争对手为中心/以营销为中心/以利润为中心"的内部视角,从而最终保证每一个新产品或者每一个创新项目都是在为用户解决问题,或者创造价值。

看到这里,大家对亚马逊总是能创造发明出深受用户喜爱,同时也能为企业赢得极大商业回报的新产品的原因,就有了更加清晰的认知了吧。如果你们也想在自己的企业中落地实施这种独特但却十分有意义的业务流程,那么以下几点建议,就是我从用户体验官的角度,给出的忠告:

(1)选择用户体验官时,应当看重的是这个人的行为习惯(一切以用户为中心)而非业务知识和能力,这样才能最大限度地避免技术研发人员闭门造车的弊病。

(2)用户体验官审核会越早召开越好。

(3)把你的想法视觉化。

(4)重复、重复再重复,直到从用户的视角把所有的问题都想清楚并加以解决。

10.2 不用一页 PPT,亚马逊靠什么开会

10.2.1 亚马逊是怎样开会的

如何开会对任何企业来讲都是一个至关重要的问题:

从小的方面来看，这考验了一个组织的管理水平和管理效能；从大的方面来看，能不能开好每一场会议，直接反映了一家企业的企业文化和价值观。

既然开会是一种如此重要的业务管理工具和流程，那么现在大多数公司的实际表现到底怎么样呢？写到这，我突然想起了2019年年底曾经火遍网络的一段新东方的年会视频。

据说这是在新东方年会现场拍摄的一段员工自编自演的节目，里面几位"不知死活"的职场年轻人，当着全公司的面，通过歌舞的形式讽刺了新东方内部管理上的弊病，整段表演中最大的亮点就是下面这句话：

"干活的干不过写PPT的。"

我想这段视频后来之所以在全网疯传，其中最大的一个原因，就在于它戳中了不少职场人的痛点，那就是不管你平时工作做得多好，只要你没能练就一身做PPT的好本领，不能在跟老板开会时靠PPT展示工作成果，那么之前的努力可能会付诸东流。

这种弊端的根源究竟是PPT本身就有问题，还是目前的这种会议形式和会议管理流程有问题？为了解释好这个问题，那么接下来就让我们一起深入地探讨一下，一个真正以用户为中心、关心事务的本质和价值胜于形式和过程的会议应该是什么样的。

首先让我们来客观地分析和评价一下目前使用范围最

广，应用最为普遍的也是在新东方年会的那段视频中被讽刺得体无完肤的东西：PPT。

如果以理性和科学的态度来分析的话，其实 PPT 本身并没有错，它确实是一种非常实用的职场沟通工具。利用好这种特殊的工具，无论是对职场人还是对企业，都是有益无害的。可惜令人遗憾的是，在当今的绝大多数组织当中，PPT 早已被滥用，甚至已经演变成了一种形式远大于内容的游戏。以至于在某些企业当中，会不会做事开始变得并不重要，只要能做出漂亮的 PPT，再加上会讲故事，那升职加薪就变得易如反掌。

既然 PPT 已经被用得如此不堪了，那么有没有什么好方法能够治一治这种形式主义的会议模式呢？有！因为我就曾经在这样一家"古怪的"公司工作过：他们的内部会议一页 PPT 都不用，开会时也没有人站在前面讲故事、做汇报，但会议的效率不但丝毫没有降低，反而变得更加高效和有价值，这家公司就是亚马逊。

虽说事情已经过去整整 8 年了，但我还是无法忘记，当我第一次在亚马逊开会时，那一切真实的所见所闻，所带给我的震撼和不解。

那是我加入亚马逊的第一天下午，忙忙碌碌地办完了入职手续后，我便被上级带着参加了一个业务汇报例会（Business Review），一般说来，这种程序性的定期会议（周例会/月例会/季度会/年度会等），在我 20 多年的职业生涯当中已经开过无数次了：一个个部门主管站在老板和同事们前面轮流发言，通过屏幕上的一页页 PPT 回顾当期的工作表现，谈成绩、聊缺点、回答问题，然后进行会议总结，最后散会……

就在我气定神闲地坐在下面等着有人上台讲 PPT 时，令人惊奇的一幕发生了：只见会议的组织者一上来就给每个人发了一份六页纸的文件，然后所有的人都开始低头安静地读起来，一边读还一边在文件的空白处记笔记……居然没有人站出来放 PPT 和讲 PPT！

见此情景，我也只好和大家一样，开始安静地逐页看了起来……20 分钟过后，主持人问道："大家都看完了吗？"经过一番确认，所有的人都已阅读完毕，然后主持人开始发问："请问第一页大家有什么问题？"

主持人的话音刚落，此起彼伏的讨论就开始了：

"嗯，我对第三段的一个销售数据有疑问，为何上周新客户的增长量有明显下滑，请销售部门的同事解释一下……"

"我非常认可第五段的一个观点，但是还想做些补充说明……"

"我觉得最后一段的结论太扯了，我的看法是……"

当主持人看到关于第一页内容的讨论基本告一段落时，就开始引导大家讨论第二页的内容："请问第一页还有别的问题吗？如果没有了，那我们过渡到第二页，请问第二页有什么问题?"

"我对这一页的第四句话不懂,请财务部门的同事解释一下……"

"请问第二页还有别的问题吗?如果没有了,那我们进入第三页……第四页……第五页……第六页……"

"好,会议时间到,讨论结束,稍后我会把会议中达成的共识和需要追踪的行动方案发给大家,请参照执行,散会。"

啊,开完了?会议就这么"草草"的结束了?居然一页PPT都不用啊!

10.2.2 为何亚马逊不用PPT开会

看着我一脸懵的表情,中国区的CEO(也就是我当时的上级)会后把我叫到了他的办公室,正式地向我推荐了这种会议模式,我这才知道了此中的奥秘所在。

其实亚马逊最开始也是用PPT来组织会议的——要知道杰夫·贝佐斯创业之前也是在华尔街工作过的(某家投资公司最年轻的副总裁),因此他对PPT是相当了解的。正因为如此,创业之后他发现,一家过度依赖甚至迷信PPT的公司是低效的,会引导员工建立错误的价值观!其实一场会议的价值不在于"表演"(presentation),而在于"讨论"(discussion),那些对与会者以及公司和组织真正有意义的,绝不是包装华丽、构图精美、情节曲折的PPT页面,而是那些隐藏在页面下方的备注栏里的内容，也就是数字、问题、原因和思考。

一场持续 1 个小时的会议，应该有 60% ~ 70% 的时间用于有深度、有意义的讨论和交流，而不是用来看某个人的"表演"。于是杰夫·贝佐斯要求在全公司彻底废除 PPT，汇报者只需要把那些原本写在提词稿上或者备注栏里的内容按一定的要求写成文件就行，这就是"亚马逊记叙文"的由来：

（1）无论议题多么复杂，均不许超过六页（可以酌情添加附件：图片、表格、数据等）。

（2）把思路理得足够清楚了再开始动笔写。

（3）消除误读。会议开始后的前 20 分钟所有人闷头通读整个文件，在搞清楚全部建议、方案、问题后才开始讨论，从而彻底避免问那些能够在文件中找到答案的问题（杜绝在页面间跳跃），避免问无关的问题（了解议题的全貌后才开始讨论）。

（4）实质大于形式。不用花心思设计版面、配图、动画、字体大小、上下左右对齐、前后关联、手势和肢体语言、面部表情等形式上的东西。

（5）由一人"表演"变为"群殴"（群策群力），关注产出而非汇报（争论、澄清、行动方案）。

（6）让与会者更加舒服：按你自己的节奏和习惯阅读

并发问。

所以，PPT绝不只是一种会议的载体和形式，从企业战略的角度来讲，它甚至代表着一家公司的管理文化、经营逻辑和价值观，所以大家可千万不要掉以轻心！

正是因为深刻地认识到了PPT会议文化的弊端，以及"亚马逊记叙文"的高效和价值，目前国内的一些企业已经开始反思并做出了改革。据我所知，从2018年开始，美团已经全面废除了PPT，改用亚马逊的"六页纸记叙文"来开会；一加手机也在我的分享和推动下，于2019年开始用"三页纸记叙文"的方式进行了会议形式的改革。我相信，在未来的日子里，一定还会有更多的本土企业意识到"亚马逊记叙文"的价值和意义，并以一种更加适合中国企业的方式进行落地。

10.2.3 用"亚马逊记叙文"开会的注意事项

最后我从以下几个方面对"亚马逊记叙文"做一下归纳总结。

1. 亚马逊记叙文适用于哪些形式的会议

包括但不局限于以下三种：

（1）概述策略和路线。

（2）讲述问题和提供解决方案。

（3）告知更新和进展。

2. 用"亚马逊记叙文"开会的流程

第一步：开会前一天将文件发给与会者。

第二步：开会时主持人先做自我介绍（个人 + 团队）。

第三步：告知写这篇记叙文的目的以及本次会议的目标（做决定/信息分享/进展更新）。

第四步：指定会议记录者。

第五步：阅读文件。

第六步：逐页讨论。

第七步：总结（结论/待办事项清单）。

第八步：发会议纪要。

3. 其他注意事项

（1）用第三方的语气。

（2）正文不超过六页，可以提供附件。

（3）"完美"的叙述可以避免后续的澄清，从而引导与会者着力于提出新的思想和概念。

（4）用数据说话。

（5）格式同样重要（连贯的粗体，下划线，斜体和间距贯穿全文。否则，人们会失去对关键信息的关注度）。

关于"亚马逊记叙文"就讲到这里，在本节结束之前让我用下面这句话来总结一下这种独特的会议形式让我得到的最深刻的感悟："写作并不难，重要的是思考。"如果你不能对自己想要在会议中表达的内容和观点有清晰、全面、准确的认知，那么你将根本无法写好这种记叙文。

10.3 把每一分钱都花在用户身上

10.3.1 财务预算到底是做什么的

在"用户经营飞轮"第六个要素"流程再造"的最后一节，我想和大家一起来探讨一下"如何才能做到一切以用户为中心来进行财务预算"这个对企业的生死至关重要的业务流程。

在前文中我曾经多次介绍过"亚马逊 14 条领导力原则"，通过我的观察和亲身体验，这套行为准则在亚马逊内部的地位非常的高，应用范围也十分广泛，可以毫不夸张地说，它简直成了亚马逊用来指导和设计所有内部业务流程的基本思维逻辑，涵盖了"人"（从人员招聘到绩效考评）、"物"（从 KPI 制定到效率效能管理）以及今天我们要重点探讨的话题——"财"（财务预算的计划和实际控制）。

相信对每位企业管理者对"财务预算"（Financial Budget）这个业务流程都不会陌生，因为这是所有的业务领导最终能否达成业绩，让自己和自己的组织生存和发展的关键。

既然财务预算如此重要，那么我们就要小心谨慎地处理好这个问题。

钱究竟应该怎么分才合理？或者说：

财务预算从本质上来讲，到底是个什么东西？

记得有一次我在给一群企业老板讲课时曾经问过这个复杂的问题，经过一番激烈的讨论，老板们给出的答案是：财务预算就是一个分钱的玩意儿。

听到这个简单直接的答案，我当时真是哭笑不得。但是笑归笑，却不得不承认，这确实就是大部分公司目前在做财务预算时所遵循的基本法则，其流程大概是这个样子的：首先由公司的 CFO 和董事长根据去年的财务表现、目前的现金流以及明年的计划定下一个大体的花钱数字，然后再由 CEO 分解给各个业务单元的领导者——规定好每个部门今年只能花这么多钱，至于怎么分，你们自己决定吧！

每个业务单元的领导者再下分给各个总经理，总经理再下分给副总、总监、经理……为了保证各部门间一碗水端平，领导们通常会定下一个基准线，比如在去年实际花费的基础上，各减少 10%；或者根据去年各部门的实际花费比例，各部门瓜分上级领导给的总体预算……总之一句话，力争做到利益均沾、皆大欢喜……

可是最后大家都能满意吗？答案是否定的。而比让内部的各级领导者不满意更加糟糕、对企业更加不利的是，这种做法将外部的用户给彻头彻尾地遗忘了！

10.3.2 亚马逊财务预算的底层逻辑

那么一家一切以用户为中心的公司应该怎样来做财务预算呢？其实很简单，学学亚马逊的做法就行了，其基本的指导思想为：

财务预算绝不是一场分钱的游戏，它更应该是一场让我们思考并最终决定，在未来要做哪些对用户最重要的事情的游戏。

这种指导思想的底层逻辑为：

（1）一切以用户为中心，然后反向驱动内部的工作。

（2）关注长远的目标。

在亚马逊14条领导力原则中就有两条与财务预算这种重要的业务流程直接相关，一条是"用户至尚"，另一条就是"勤俭节约"，让我们先来听听他们的内部解释。

用户至尚：领导者从用户出发，再反向推动工作。他们努力工作，赢得并维护用户对他们的信任。

勤俭节约：我们尽量不在与用户无关的地方上花钱，勤俭节约可以让我们开动脑筋，自给自足并不断创新。

10.3.3 亚马逊财务预算的流程

接下来就让我带着大家模拟一遍，让大家亲身感受一下亚马逊是如何从头到尾、分阶段地来进行区域亚马逊公司的财务预算的,以印度区为例。

亚马逊的财务预算流程一共分三步:

(1) 三年计划(SPS:StrategicPlanningSystem)

(2) 未来18个月计划(OP1:OperationPlan 1)

(3) 未来12个月计划(OP2:OperationPlan 2)

首先让我们来谈谈第一步:SPS。在分钱之前先不谈钱,而是要让各级领导先想清楚以下两个问题:

(1) 三年之后印度区整体的用户体验长什么样的?请分部门、从用户的视角尽量清晰地描述一下这种用户体验,比如:

①购物体验是什么样的?通过关键词搜索商品的速度更快,可实现一站式购物,商品种类极大丰富,绝大部分订单可以在亚马逊平台实现在线支付而无需通过银行页面跳转……

②仓储物流的用户体验是什么样的?从订货到收货的时间一共2天,给我(用户)提供更加便利的收货选择(到家/储物柜/便利店代收等),让高质量的亚马逊自营配送员给我送货……

③售前售后用户服务体验是什么样的?无理由退换货时间窗口变长,我(用户)可以自主退换货而无须亚马逊客服人员审批,当问题出现时让客服人员主动联系我而不是我追着他们解决……

（2）将整体及分部门的用户体验描述清晰之后，再问自己：如何用内部指标准确的定义外部用户的这些需求？要想让外部的用户感受到如此高标准的用户体验，我们内部需要做什么？此处同样需要具体到各个业务部门：

①前端零售部门：吸收10万个第三方卖家入驻，扩充卖家支持团队规模（增加到×××个座席），从而实现选品的增长目标——由现在的100万SKU扩充到600万SKU；上线11个"网站数据处理和机器学习"的技术项目，让商品呈现的时间达到用户的期待——由现在的0.8秒缩短到0.4秒；收购目前市场上最大的在线支付App，并与公司内部订单系统对接，从而保证在线支付的普及率达到90%……

②仓储物流部门：在全国范围内新增25家物流中心和1500家配送站，新招20000名配送员，同时将储藏面积由×××万平方米扩大到×××万平方米，这样整体供货时间就能实现2天送达的目标；新增5000个小区储物柜，与10000家线下零售店签订代收货协议，以便将货物成功接收比例提高到98%……

③用户服务部门：开发站内"用户自助退换货功能"，使80%以上的退换货由用户自行处理，而且无理由退换货时间窗口由现在的7天延长到1个月；上线"用户行为追踪和机器学习"项目，让系统自动探测并主动处理用户潜在的投诉，将CPO（Contact Per Order，每订单联系人）降

低到 1%……

在整个 SPS 的撰写、讨论和定稿中,各个部门的领导者从不提钱,而是把所有的精力都放在两件事情上:

(1)用户体验。未来的用户体验是什么样的?未来的用户需求是什么?如何才能为用户创造价值?

(2)关注长远。要想让用户满意,我们需要提前做什么准备?未来用户的行为会发生什么样的改变?为了适应这种改变,我们需要做什么?

通常 SPS 在每年的年中进行,由各个国家的业务领导牵头组织,在之后三四个月的时间里各级部门主管要反复进行讨论和认证,从而最终确定,在未来的三年中我们最需要为用户做的几件事是什么?

完成了 SPS 这项工作之后,我们现在终于可以谈钱了:这就是预算流程的第二步:OP1——未来 18 个月内的行动计划和财务预算。

SPS 中的计划和行动是要在未来三年中完成的目标,完成后我们就需要将其分解,确定出优先级,并根据项目本身的特点拉近到未来的一年半中,此处仍然需要分部门进行,并且一定要把每个项目的财务需求计算清楚。接下来我们以印度区的"仓储物流"部门为例来说明。

在 SPS 中,我们对未来用户在"仓储物流"方面的体验已经进行了清晰的定义,同时也从内部运营的视角设立了目标和行动方案，那么接下来要做的就是如何在未来的一年半内让其落地了。

仓储物流部门：在×××年×月之前，新增10家物流中心，500家配送站，新招10000名配送员，同时将储藏面积由×××万平米扩大到×××万平米，这样整体供货时间就能实现3天送达的目标。这些行动预计花费为×××百万美金，其明细如下……

新增2000个小区储物柜，同时尽快成立线下零售店商务合作管理团队，设计合作规则并在未来18个月内先开发5000个合作商家，以便将货物成功接收比例提高到60%。这些行动预计花费为×××万美金，其明细如下……

当各个部门按此逻辑将自己的未来18个月预算方案和行动计划做好之后，就会汇总到印度区的CEO手中，然后由财务部将其加总。这时最容易产生部门纷争的时刻就到来了：如果总体的预算超过西雅图总部自上而下给出的预算总数，那该怎么办？

按照我加入亚马逊之前的做法，要想解决这个难题，通常只能由印度区的CEO下达硬性规定，强迫每个部门按一定的比例共同减少，直到总数达到上级的规定。这样做最大的好处就是"公平"，这种以内部视角推出的"平均主义"的方法最容易被接受。

但这种做法对外部用户是有好处的吗？答案是一定不是！因为这样做最大的一个弊端，就是"真正该用钱的项目钱不够,而那些可有可无的项目却被雨露均沾地撒了点水",结果是哪个项目也没真正支持到位。

那么亚马逊是如何解决这个问题的呢?很简单,还是那两条领导力原则:用户至尚,勤俭节约。

如果总体预算超标了,那么亚马逊的做法不是每个部门各自按相同的比例平均削减预算,而是回到我们做财务预算的源头,去重新审视在 SPS 中定义的未来的用户体验是否准确全面,以及为达成这种卓越的用户体验我们所制定的那些行动是否正确。这样做最大的一个好处,就是让我们再次厘清:什么是真正对外部用户有价值的、最重要的事情,然后再转身(反向驱动)看内部的任何工作,比如怎么花钱。

基于这种思维模式,"预算超标"这个难题在亚马逊通常是会被这样解决的:如果经过反复论证,大家都确认在 SPS 中定义的未来用户体验的目标是正确的,而且用来支撑这些目标的行动和计划也是绝对必需的,那么这时你就需要向上级据理力争,要么追加预算,要么砍掉其他不重要的项目,总之必须在对用户最重要的事情上把钱花足花够,这就叫作"我们尽量不在与用户无关的地方花钱"。

经过反复的论证和计算后,OP1 就会被上报并批准,成为指导今后一年投资行动的正式的计划书——这就是第三步:OP2。有了 OP2,各个部门就可以放心大胆地在那些对用户最重要的事情上去花钱了。

第四部分

"用户经营飞轮"的第三个层次:增长加速器

要素7：会员制

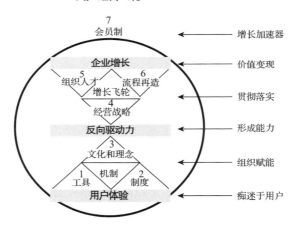

会员制对企业的价值在于丰富、升级、再定义市场上已经存在的高净值用户，然后用会员制产品和价值将其锁定，从而最终让这些特殊的消费者成为公司业绩增长的超级助推器。

第 11 章
要素 7：会员制

11.1 会员制的发展和对企业的价值

从本节开始，我们将进入"用户经营飞轮"的第三个层次——增长加速器的介绍。我希望通过接下来四节的详细介绍，能够让大家对"会员制"，也就是"用户经营飞轮"的第七个要素的设计流程和价值定位有个全新的认知，并最终像亚马逊那样，以会员制为依托，为那些认可企业的价值观，并愿意与我们一起成长的用户提供长远的利益和价值。

11.1.1 会员制的由来

何为会员制？按照百度百科的定义，会员制是一种人与人或组织与组织之间进行沟通的媒介，它是由某个组织发起并在该组织的管理运作下，吸引客户自愿加入的一种组织形式，目的是定期与会员联系，为他们提供具有较高感知价值的利益包。

一般情况下，会员制组织是企业、机构及非盈利组织维系其客户的结果。它通过为会员提供一系列的利益来吸引客户自愿加入，这一系列的利益被称为客户忠诚度计划。而加入会员制组织的客户被称为会员，会员制组织与会员之间的关系通过会员卡来体现，会员卡是会员在消费时享受优惠政策或特殊待遇的"身份证"。

其实会员制并不是一个新鲜的生意，其发展速度往往取决于社会整体的消费能力和经济水平。从20世纪90年代开始，各种以"会员制"名义出现的线下市场营销活动就已经在中国市场出现，有真正为用户创造价值和福利的，当然也有打着会员制旗号的投机者。

除了传统的线下零售企业，近些年随着互联网经济红利的消退，越来越多的线上商家也开始纷纷打起了会员制的主意，2015年10月，京东推出PLUS会员；2016年底，唯品会推出超级VIP；2017年11月，网易考拉推出黑卡会员；每日优鲜推出优享会员；2017年12月，苏宁易购推出SUPER会员；2018年7月，小红书推出小红卡会员；2018年8月，阿里巴巴推出超级会员……

那么在众多的会员制当中，哪些公司做得最为成功，值得让我们借鉴呢？如果放眼全球市场，那么我们不难发现,目前在会员制的经营上做得最成功的有两家公司,一家是线下的好市多（Costco）；另一家就是线上的亚马逊。可以毫不夸张地讲,这两家公司在会员制上独特的做法,深深地影响甚至是定义了整个线上/线下零售行业会员制的最高标准。

首先让我们来看看好市多：公开的数据显示,目前好市多全球的会员总数已经超过9000万人,其每年的会员费收入早已远超其所有超市的利润总和。我们以2018财年为例：好市多会员费收入为31.42亿美元,虽只占到了总体营收的2.22%,但却贡献了营业利润的大部分,好市多在2018财年的净利润为31.34亿美元,几乎与会员费收入持平。

这也就是说,好市多接近100%的利润来自于会员费,而线下的700多家门店几乎都不赚钱！因此,好市多的净利润增长不是依靠商品销售,而是依靠会员数量的增长。由此可见,会员制对好市多来说根本就不是一场市场营销活动,而是它最根本的经营战略和底层商业逻辑。

那么亚马逊的会员制又是什么样的呢?

11.1.2　亚马逊 Prime 会员制的发展历程

作为全球线上会员经济的"头号玩家",亚马逊对会员制的洞察显然更深,利用 Prime 会员服务对企业增长的驱动无疑也是最成功的,其背后的核心则是会员价值 + 会员

第 11 章　要素 7：会员制

体验。

亚马逊 Prime 会员制的创新来自于公司的一位工程师。2004 年，一位叫查理·沃德（Charlie Ward）的工程师使用了一种叫作点子工具（Idea Tool）的系统来发表自己的见解，他认为，亚马逊的包邮服务是针对那些对价格敏感而对时间不太敏感的顾客。那么，是不是也可以为那些对时间敏感而对价格不敏感的顾客提供另一种类型的服务呢？例如，每个月收取一定的费用，为他们提供快运服务。

这个建议得到了公司的认可。团队给这个项目起了好几个名字，包括"超省钱"，但都被杰夫·贝佐斯拒绝了，因为他不想让人们认为这项服务是以省钱为目的的。

后来，亚马逊的董事会成员和合作伙伴凯鹏华盈公司的宾·戈登（Bing Gordon）出主意说，应该命名为 Prime（优先），并被大家一致通过。于是正式将其命名为 Prime。

然而关于怎么收费，又成为一道难题：没有清晰的财务模型，因为没有人知道究竟会有多少顾客加入，也不知道预收会员费是否会影响到他们的购买习惯。

团队制定了两个价格方案：49 美元和 99 美元。杰夫·贝佐斯最后确定每年收 79 美元。他认为，费用高些可以阻止用户轻易退出，费用太低的话他们就会经常退出。

其实收 79 美元并不重要。收费的目的是想改变人们的行为模式，使人们不再选择其他地方消费。因此，会员费只是进入的门票，核心是优质的商品、全面的服务。

在 2005 年最初推行 Prime 会员时，杰夫·贝佐斯也遭受了很多质疑，当时有人给亚马逊算了一笔账，假设快递公司的单笔订单成本是 8 美元，那么亚马逊每个用户一年的运输成本就会达到 160 美元，远高于当时 79 美元的会员费，因此会让亚马逊很难达到盈亏平衡。

但杰夫·贝佐斯仍然一意孤行地大力推进这个项目，因为他把这个计划视为维持顾客忠诚度的必要投资：

"如果你想创新，就必须愿意接受被误解。如果你不能接受被误解，就不要做任何创新的事情。"这是杰夫·贝佐斯的价值观。

11.1.3　Prime 会员制对亚马逊的价值和意义

而后来的事实证明，Prime 会员确实取得了巨大的成功，被外界认为是史上最划算的一笔交易。一方面，加入 Prime 的亚马逊用户在亚马逊上的平均消费额翻了一倍，这也让亚马逊在从 2005 年开始的几年中快速甩开了竞争对手易贝。另一方面，Prime 会员也让亚马逊的飞轮效应能够在全球各地发挥出最大的效能，因为亚马逊不仅仅为 Prime 会员提供与电商相关的服务，也借此在电子书、影音、数字娱乐、物流、售后服务等领域得到前所未有的发展……

亚马逊的 Prime 会员权益目前包括以下 4 类。

（1）物流配送权益，含免费两日送到、部分地区免费当日送达、2 小时送达等。

（2）流媒体权益，含 Prime Vedio、Prime Music 等。

（3）购物权益，主要为购物返现和亚马逊自有品牌产品的优惠折扣等。

（4）阅读及其他权益，含超过 35 万本 Kindle 电子书免费下载和有声书收听等服务，以及会员分享、免费的无限照片存储空间等。

以 2018 年为例，亚马逊在年度股东函中披露，亚马逊 Prime 会员当时已在美国、英国、德国、加拿大、法国、意大利、中国等 13 个国家上线，会员数量超过一亿人，其中高收入家庭中亚马逊 Prime 会员的占比更是超过七成。按照 99 美元/年（因为运营成本的上涨，亚马逊几年后将会员费提升到了 99 美元/年）的会员费计算，这意味着，Prime 会员每年至少会给亚马逊带来 99 亿美元收入。

除了直接收取会员费，亚马逊还从这些黏着度极高的会员身上赚到了远超普通用户的业绩贡献：同样以 2018 年为例，Prime 会员在亚马逊网站年平均消费额大约为 1400 美元，而与此同时，非会员年平均消费额大概只有不到一半，约 600 美元。说到"黏着度"，可查的公开数据显示，亚马逊 Prime 会员第二年的续费率在 95% 以上，几乎和近五年保持 90% 左右会员留存率的好市多的实力相当，由此可见其会员对于亚马逊的忠诚度有多高了吧。

因此可以坦率地说，亚马逊 Prime 会员制建立起了全球会员经济的模板，已经成为电商会员制的标杆。因为它不是我们一般意义上理解的会员体系或会员制度，而是一种构建在长期价值和顾客至上经营哲学上的商业模式，它摒弃了常规的企业财务制度约束和唾手可得的利润，换来的是高度忠诚的会员和无止境的业务扩张。

作为一名亚马逊的老员工，以及专门研究用户经营的商学院客座教授，在我的眼中，Prime会员制对亚马逊来说，完全就是杰夫·贝佐斯所发明的那个指导整个公司飞速增长的"亚马逊增长飞轮"的引擎和加速器。正是有了这个加速器，才让亚马逊公司这台"超级机器"的各个齿轮（业务单元，比如AWS、Kindle、电子商务）之间相互咬合，顺畅转动，从而最终产生了强大的飞轮效应。

何为飞轮效应？就是一个公司的各个业务模块之间，会有机地相互推动，就像机器中无缝链接的齿轮一样互相带动。一开始从静止到转动可能需要花比较大的力气，但每转一圈的努力都不会白费，因为这些动能都会被储存起来。而且机器一旦转动起来，齿轮就会转得越来越快，最终靠其自身的惯性，就能带动整个机器不停地飞速前进——这就是亚马逊公司现状的写照。

听完了这些"别人家的公司"在会员制经营上的亮眼表现，相信大家一定非常的好奇和不解：全球有那么多家公司都在搞会员制，为何只有好市多和亚马逊能够把会员制做到如此极致的境地呢？其企业内部究竟是按什么样的方法和流程来一步步地定义和设计会员制规则，然后以什么样的市场营销活动来快速招募和发展会员,并一步步提升会员用户的体验,从而让他们对企业品牌的黏着度越来越高,消费金额越来越大,而且到了第二年还会续费?

想要真正掌握亚马逊会员制的流程、方法和工具绝非易事。从下节课开始,我将分步骤地详细解读一下,当亚马逊进入到一个陌生的市场时,是按照一种怎样的思路来将会员制最终落地的。

11.2 第一步:寻找正确的用户,而非创造潜在的会员

介绍完 Prime 会员制对于亚马逊的意义和价值,本节我就带着大家用模拟的方法,来看看亚马逊是如何在一个崭新的市场,让会员制这个用户经营的加速器转动起来的。

简单地来讲,当亚马逊想要在一个国家落地 Prime 会员项目时,其大体的实施流程分为以下三步:

第一步:寻找和定义"正确"的目标用户。

第二步:设计短期 + 长期的会员制产品/价值。

第三步:上线推广会员制。

我们首先仔细地讲解一下第一步:寻找会员制的目标人群。在这一点上,亚马逊再次彻头彻尾地贯彻了"从用户出发,然后反向驱动内部工作"这一条最基本的行为准则。接下来就让我以中国区为例,完整的还原一下当年我

亲身参与中国区 Prime 会员项目时所走过的艰辛历程，以及由此给自己带来的认知上的极大冲击和事后的感悟。

11.2.1　定义和寻找"正确"会员的思维逻辑

既然是从用户出发，那么我们首先就应该搞清楚，会员制应该争取和服务的人群到底是谁？关于这个问题，不同的公司有不同的解读。根据我的观察，以下这两种解读就是目前的主流看法：

（1）现有用户中价值最高的那群人，比如消费金额最高、利润贡献最大、购买最频繁、未来最具潜力等。

（2）新用户。抢占新用户是会员制的关键所在，因为老用户无论你做不做促销他们反正已经在这里了，因此要把有限的资源拿来发展新用户，尤其要从竞争对手手中抢夺新用户。

如果单纯从市场营销的角度来看，这两种解读倒也中肯合理，但通过上节的内容我们已经很清晰地了解到，对于好市多和亚马逊来说，会员制绝非是一场只以盈利为目的的促销活动，它其实是整个公司用户经营的关键和业务增长的加速器，这是一种基于企业战略层面的思考。如果站在这个角度来思考会员制的目标人群，那么最佳的答案应该是什么呢？

当亚马逊西雅图总部正式决定启动 Prime 会员落地

中国的项目之后，在我参加的第一次项目会议上，这个问题就成了争论的焦点，记得当初从总部派来了一位负责全球 Prime 项目的管理经理，来给本土的团队成员现场详细讲解亚马逊 Prime 会员落地实施的整个流程。于是在他的带领之下，本着"一切从用户出发"的基本原则，我们首先问自己：谁是 Prime 中国项目"正确"的用户？

（1）中国市场上现在有没有一群人高度认可我们的价值？

（2）他们认可的是什么？他们是谁？

（3）他们在哪里？

而为了解答好这个问题，我们又不得不追本溯源，对"什么是亚马逊的核心价值"进行了一番深入的探讨，并很快达成了以下的共识。

1. 亚马逊 14 条领导力原则（行为准则）.

——痴迷于用户体验：做地球上最以用户为中心的公司。

——关注长远的目标。

2. 亚马逊增长飞轮（经营理念）

更低的价格、更多的选品、更好的便利性。

记得当我第一次在 Prime 项目会议上听到这些"虚头巴脑"的价值观、愿景、文化等相关议题的讨论时，内心感到十分的不解和不屑，因为这和我以前对于会员制的理解大相径庭。亚马逊这样一家十分讲求实际和效能的公司，怎么在会员制上也搞起了花架子？

11.2.2　Prime 项目在中国落地时的"意外"

但是很快发生的一件让人意想不到的事深刻地教育了我，原来这种貌似"虚头巴脑"的灵魂拷问，其实真的就是亚马逊会员制成功的关键所在。

第一次的"务虚会"开完不久，整个项目小组的成员就纷纷行动了起来，大家分工协作，开始做起了前期的数据挖掘和准备工作：零售部门的同事首先对现有的中国区亚马逊用户进行了数据分析，重点考察了他们的活跃度、订单量、增长率、购买频率、网站停留时长等；与此同时，我们还从亚马逊自有平台上抓取了大量关于用户购买行为的信息和数据，比如用户评论、论坛留言、社群讨论等。除此之外，我们还特别邀请了部分用户来进行访谈，同时也通过电话和微信的形式进行了更大范围的用户需求和行为调研。

可结果呢？通过对以上海量数据的分析解读，团队最后居然得出了一个让人十分吃惊的结论，那就是：

"亚马逊中国现有的用户，其实并不是'正确'的 Prime 会员！"

当我们看到分析报告最后得出的这条结论时，都觉得匪夷所思：如果现有的用户不是未来 Prime 项目的"正确"会员，那么我们现在的工作不就白做了吗？而且如果目标人群不是那些我们千辛万苦才争取来的老用户，而是我们可能根本一无所知的新面孔，这样一来我们的竞争优势又在哪里呢？"放弃"现有用户真的不可惜吗？这样会不会极大地增加未来会员制的推广成本？

听到本土团队的以上顾虑，西雅图的项目管理小组和我们进行了反复的沟通，最终他们让我们明白了，什么才是亚马逊会员制的本质。

11.2.3　会员制的"是"与"不是"

什么是"会员制"的本质

不是	是
*分化现有用户 *解决现有问题 *寻找新的销量/利润增长点 *用现有的产品吸引新用户	*丰富/升级/再定义市场上已经存在的高价值用户，并最终用会员制产品/价值将其锁定，让会员成为业绩增长飞轮的助推器

其实，当我最初接触到这套新奇的理念时，我的内心并不是十分认可，因为一直以来，我对会员制本质的理解，始终是与市场导向以及业务驱动相关联的。这并不是说我排斥要充分地考虑到用户体验和用户利益，但是归根结底，会员制都应该是一种与业绩增长强捆绑；以新客户开发或

者是老客户深度挖掘为己任的一种营销活动。但是亚马逊的这套既"不解决现有问题",又"不寻找新的利润增长点",更"不教育和培养潜在用户"的做法,确实让我觉得匪夷所思。

而在随后的多次沟通中让我最感疑惑,甚至是惊讶的是,亚马逊这个一贯以"固执己见,乐于被外界误解,打法生猛凶残"而著称的强硬公司,居然在目标会员的定义上,出奇的柔软和谦卑,比如下面这两句让我印象最深的经典论述:

"不要总是幻想着去'创造'新价值,或者'培养'用户感知,而要寻找那些已经被市场上的用户感受到,并且强烈认可的价值感,然后不断地用会员制的价值去加强、延展、固化它。"

"千万不要承诺你做不到的,所谓'新'的价值感。"

不理解归不理解,但是既然结论都已得出(亚马逊中国现有的用户,其实并不是未来"正确"的 Prime 会员),那我们就只好转换思路,开始跳出亚马逊的自有信息平台,进行延展性的目标会员寻找:比如收集和分析招行美元账户的用户购买行为,以及那些在洋码头、小红书这类跨境电商平台流连消费的海淘者信息,甚至包括那些非亚马逊用户的行为数据等。

正是经过这一番"跋山涉水"的折腾,到最后终于让我们明白,其实在现有的中国电商用户中(注意,并不是现有的亚马逊中国用户），确实存在着一大批高度认可和接受亚马逊的长远价值，并愿意与之共同发展的"正确"的用户。于是按照这种用户的画像，亚马逊中国最终推出了有别于其他市场的 Prime 会员产品，其最大的用户价值和利益被放在了海外购上——在保障全球正品的同时，提升跨境物流的用户体验，最大限度地解决运费高、流程复杂、送货时间长的问题。

除此之外，亚马逊还为会员提供了一个特殊的日子——Prime Day，这是亚马逊从 2015 年 7 月 15 日开始推出的专为 Prime 会员举行的为期一天的全球范围的购物节，可以简单地理解为淘宝的"双十一"。活动当天 Prime 会员可以在亚马逊覆盖的全球各个国家站点参加成千上万的劲爆秒杀活动，几乎涵盖了所有的品类。Prime 会员能够以独享的最大折扣购买他们想要的商品。

Prime 会员制于 2016 年在中国市场正式推出，到 2017 年付费会员的数量已经达到 2016 年同期的 3 倍以上，是亚马逊全球 Prime 会员增速最快的国家之一。据亚马逊数据显示，75% 的中国用户加入 Prime 会员后支出都有所增加，60% 的用户支出直接翻番甚至更多。

由此可见，定义清楚谁才是我们的会员制目标用户，这看似是一个具体的业务问题，但其背后所隐藏的思维逻辑，却是决定会员制最终成败的关键。在这一点上，亚马逊的答案一如既往的简单清晰：

（1）一切从用户出发，然后反向工作，为用户创造价值。

（2）不是用我的产品和策略去吸引用户，而是用正确的用户来指导我反向设计产品。

11.3 第二步：设计短期和长期的会员利益和价值

当我们用上节学会的方法找到"正确的"会员制目标用户之后，那么接下来需要思考的问题就是：应该如何为这群特别的人设计出既能满足他们的要求和价值感，同时又能给企业创造长远利益的会员制产品？

为了回答好这个问题，在此我们来重温一下亚马逊 Prime 会员项目上线三部曲的第二步：设计短期和长期的会员利益和价值。

简单来讲，当完成了第一步的任务之后（定义谁是"正确的会员"），亚马逊会要求项目组的成员问自己以下两个问题：

问题1：短期内（头两次购买周期之内），需要通过什么"产品"将"正确"的用户迅速拉进来？

问题2：从长远来看，会员制"产品"究竟要靠什么给用户创造持续性的价值？

11.3.1 会员制产品的种类

注意:此处的"产品"可不是我们通常理解的那些在亚马逊平台上正在销售的商品,而是指给会员们创造的"利益和价值"的总称。目前在全球已经上线 Prime 项目的 13 个国家中,不同国家会员制产品的组成稍有差异,概括起来讲,大体包括以下四种类型:

(1)商品:并不是所有在亚马逊平台上售卖的商品(自营或者第三方卖家),都有资格参与到 Prime 的项目中,只有那些满足一定条件和标准的商品,才会被注明 Prime 的标记(如下图)。此处的挑选标准包括质量、品牌、送货时间的承诺以及用户评论的情况等。

Hoppetta 10mois 6层透气纱布儿童睡衣睡袋 棉质100% 适合 0～3岁使用

（2）服务：比如免运费、免通关邮费、快捷送货、提前加入促销活动、指定送达时间、会员专享优惠等优于普通用户的超值服务。

（3）延展类：比如会员免费洗衣（日本）、24小时之内观看院线大片、线下合作商家的特别服务和优惠等、视频联合会员、会员联名卡积分和优惠等。

（4）附加价值：电子书免费阅读、影视节目免费观看、专属曲库、免费游戏、不限容照片存储、婴儿用品专属折扣等。

为了不让会员制变成一场以促销为目的的市场营销活动，同时又能产生宣传和规模效应，亚马逊特别将会员制产品的利益和价值分为短期和长期两个版本：

短期版本的作用在于抢夺用户——如何能够在最短的时间内将尽可能多的"正确"的目标用户拉进来，让他们尽快感知到会员制产品的价值和利益。

长期版本的作用在于固化会员业已体验到的利益和价值，并不断根据会员的反馈进行修正和升级，从而达到长期锁定忠诚用户的目的。

11.3.2 设计长期和短期会员制产品的原则和逻辑

长期和短期会员制产品的价值是既统一又有所不同的。那么当我们在判断一种价值和利益应该属于短期还是长期，以及一个具体的项目（商品/服务/附加价值）是否应该放入会员制产品框里时，又应该遵循什么样的原则和逻辑呢？

以下三条就是亚马逊给出的答案：

（1）短期目标服从于长期目标。

（2）商业数字服从用户价值感和用户体验。

（3）设计好跑道，先窄后开。

在此就让我用一个实例来深入地解读一下，在具体的会员制项目挑选中，应该如何正确地践行这些原则，比如在会员制的推广中企业经常会用到的一个方法：买会员发促销券。

在设计会员的利益和价值，以及在随后的推广活动中要不要考虑发促销券？这是在会员制项目管理中让许多公司感到困惑的一个问题。记得当初 Prime 项目在中国落地时我们也曾为此讨论了好久：因为在会员制上线的早期如果能辅之以大量的促销券、打折券或免费券，势必能够产生效果极佳的吸粉的作用，也势必会在短期内创造不俗的商业回报。但经过反复的研讨，团队最后还是艰难地达成了共识：放弃促销券，改用三十天免费试享，然后坚持走收费的道路。

"这种做法可持续吗？是我的核心价值吗？是我推行会员制的目的吗？股东能接受吗？我可以长久地承受吗……"这就是项目小组在决定"是否发放促销券"，

以及在选择其他所有短期或长期会员利益和价值时要问自己的问题。

其实从本质上来讲，会员制并不是要用钱去买尽量多的新/老客户，因为你用钱能买到的客户，你的竞争对手同样能够买到；或者让我们换一种说法，如果这些客户到你的平台消费只是为了你的促销券或者享受免费的好处，那么这些客户不要也罢，因为这种模式是不可持续的。之所以这样说我倒不是在否定免费、打折、补贴的实用价值，力度大的营销活动可以搞，但是在这样做的同时，你必须要想清楚：

这种营销活动到底是会员制的核心价值还是短期的营销推广手段？

其实促销券本身并无对错，关键是要评估清楚这和你的企业想要传递给用户的核心价值是否有冲突。

假设你的企业就是专门做促销平台的；就是以整合各个渠道的促销信息和促销资源为主要的业务模式；你的目标会员就是那些关注价格优惠，以是否有促销活动为主要购买驱动的用户，如果你的股东和投资人可以长期承受因此而造成的商业损失，那么在这种情况下，将促销券作为会员产品的"核心利益和价值"就是合理/正确的。但如果你公司的价值观和愿景是"痴迷于用户＋关注长远的目标"；基本经营理念是"从用户出发，然后反向创造和发明"，为用户提供"更低的价格，更多的选品，更好的便利性",那么促销券这种"高效和极具冲击力"的产品就不能出现在会员制的利益和价值设计中。

关于"短期目标应该服从于长期目标",我还想到了另外一个具体的案例:当中国 Prime 项目组决定把主要的会员产品设计方向集中在"海外购"上时,我们首先进行了大量的潜在用户访谈和行为分析,结果发现目标消费者在"海淘"这件事情上最大的两个关注点——其实也就是让会员最能产生价值感知的,是品质保障(正品/质量)+物流服务(通关手续/邮费/送货时长)。

按照这个调研结果,我们决定将"有品质和品牌保障的海外商品,以及便利、快速的物流服务"列为中国 Prime 会员最核心的两个长远利益和价值。在确定了这个长期目标之后,项目组成员就开始和零售团队一起,挑选那些可以提供满足会员制要求的"海外尖货"的资源:这里面既包括亚马逊自营的供应商,也包括第三方卖家。这时候一个需要做出取舍的问题就出现了。

11.3.3 要不要把"梅西百货"放入产品目录

要不要将梅西百货等第三方卖家可以提供的海量商品放入"短期的 Prime 会员产品"中,以便能够在会员制项目上市的第一时间,通过提供琳琅满目的海淘商品,来极大的吸引新会员加入,打响中国 Prime 会员的第一枪?

这时候项目组的成员中有人对把梅西百货拉进第一批

Prime 商品目录提出了反对意见，理由是"这些第三方卖家提供的商品质量和品牌保证可能存在用户体验方面的潜在隐患，如果我们不能在会员项目上线前彻底解决好这个隐患，那么就算是会有大量的用户因为丰富的选品而掏钱购买了 Prime 会员，但是之后他们在实际的使用过程中，却因为这些潜在的问题根本就感知不到会员产品长期的价值和利益，那么他们最终还是会离我们而去的，而且还会通过社交媒体影响到其他的用户，这样岂不是损失更大吗？"

于是他强烈建议在会员可以选择的第一批 Prime 商品中尽量以亚马逊自营供应商为主，然后再逐步扩大选择面，这样就能极大地避免因为商品本身的品牌和品质问题，给新会员们造成伤害。

这种想法遭到了前端零售部和市场部的激烈反对，因为经过他们的仔细测算，再加上过往市场营销活动的"成功经验"，他们信心满满地告诉项目负责人：如果完全按照这个家伙的建议，将一大批类似梅西百货这种可以极大地丰富 Prime 商品选择的第三方卖家排除在第一批的名单之外，那么对潜在会员的吸引力和市场宣传的效果一定会大打折扣，这对新会员的注册率而言将是一场灾难。

怎么办？

这时候我在前面提到的那些短期/长期会员产品的设计逻辑就开始发挥作用了，因为这种关于短期利益和长远价值之间的冲突，在其他的国家推行 Prime 项目时，也曾经广泛地遇到过，于是亚马逊对此做出了清晰的规定：

（1）短期目标（新会员注册率）服从于长期目标（用户体验）。

（2）设计好跑道，先窄后开。

正是按照这种原则，项目组最终还是将梅西百货等一批第三方卖家从第一批商品目录中"遗憾"地删掉了。

好了，关于会员制产品利益和价值的设计，我们就已经讲完了。根据我的实际体验，当一家公司想要遵循亚马逊的这套逻辑来推广自己的付费会员制时，通常在前期的项目讨论和设计准备阶段，会遇到来自业务部门（市场、销售、财务等）的极大挑战，其根本的原因在于以下两种思维方式的对立：

业务团队对过往"成功"案例的迷信与一切从用户出发，然后反向驱动的设计逻辑。

此时要想坚定而顺利地将项目推进下去，那么以下几个解决方案可以供大家参考：

（1）要给予项目小组的核心成员较高的级别和足够的话语权。

（2）第一次的启动会可以是涵盖所有部门的大会议，但是接下来的项目管理会可以收窄，只挑选那些认可这套理念的人参与。

（3）提前制定好上线第一个季度的"成功业务指标"，

用实际的业务数字+用户行为数据来管理短期的成功，并以此打消反对者的顾虑，争取更多的内部支持。

11.4 第三步：如何推广会员制

11.4.1 会员制项目上线后需要关注的三个问题

做完了定义和寻找"正确"的目标会员，以及设计短期和长期会员产品的利益和价值之后，我们就需要将会员制再向前推进一步，也就是正式上线之后我们还要关注和解决的问题。概括来讲，有以下三点：

（1）上线阶段，如何发力用短期活动（Short-term Solution）来拉进足够多的"正确"会员（30/60/90天计划）。

（2）这些初次购买Prime的会员是否在第一个复购周期感知到了会员制的价值？

（3）如何进一步固化这种价值感？

接下来我来逐条解释，首先来谈谈上线阶段的短期促销。按照亚马逊Prime会员的惯常做法，在项目上线的初期一般会制定30天、60天和90天的促销计划，以"免费试用"的方式来拉进第一波的尝试者。之所以用"免费试用"而不是促销券、打折券、减免等方法，其原因我们已经在上一节中做了详细的解读，在此我只想再次强调：

第 11 章　要素 7：会员制

会员制不是一场以短期营销为目的的市场营销活动，我们应该将关注的重点放在"为那些认可和接受你的企业的价值的用户提供和创造长远的利益和价值"上，说到底这是一个战略层面的项目，是撬动企业增长的杠杆，所以即便是"抢夺新会员"这样一个看似有销售导向，以及必须快速见效的市场任务，也必须要做到一切以长远的目标和价值为选择标准，如果不符合公司长远的价值观，那么就算这种营销手段对新会员的吸引力无穷，那也应该舍弃掉。

当我们通过精心设计的会员产品，尤其是前 30 天的短期营销活动吸引来了第一波的新会员之后，真正考验会员制成败的第一个挑战就来临了，那就是：当新会员在第一个复购周期内，实际体验了会员的权益和超值服务之后，他们有没有真实、准确地感受到我们想通过会员制传递给他们的价值？

要想对这个问题做出全面、正确的解读，我们就必须首先收集和分析会员的购买数据和行为数据：比如复购率、复购次数与金额、两次复购的时间间隔、退换货率、会员投诉原因分析、会员数据与非会员数据比较等。除了这些商业的数字信息之外，我们还应该收集会员的感知类信息：比如可以查看亚马逊网站上的会员评论、会员在网站内的浏览和消费行为轨迹的追踪、外部社交媒体上会员的分享和攻略，以及组织专项的会员访谈/会员调研等。所有这些工作的核心目标,就是要在最短的时间内将新会员的真实使用体验准确地描绘出来,从而给第三步的工作提供清晰的指引。

记得在之前谈到"设计长期和短期会员制产品的利益和价值"时,我曾经介绍过一个基本的原则,那就是"设计好跑道,然后先窄后开"。这条原则其实同样适用于会员项目上线之后的工作。通过上一步数据的收集和分析,我们已经对新会员初次使用 Prime 产品后是否感知到了会员制的利益和价值,有了准确的判断,那么接下来要做的,就是不断"放开和深化",此时我们可以这样做:

多尝试各种不同的产品和组合,然后进行挑选和沉淀,最终找到最能体现会员制长远价值的合适的产品。

在此让我以中国区 Prime 会员项目为例进行一下深度的解读。项目最开始上线时中国 Prime 会员的核心价值和利益只有"海淘免邮(满 200 元)",然后才逐步将"年度 Prime Day""会员专享折扣""Prime 周三会员日""电子书免费阅读"以及只对会员开放的"1 折海外尖货"加了进来,接着还与外部合作伙伴进行合作,推出了"亚马逊会员 + 腾讯视频 VIP 联合套餐"以及"广发亚马逊信用卡"等。我相信随着时间的推移,亚马逊 Prime 会员权益还将得到更进一步的丰富和升级,其主要的发力方向将依然体现在海外商品免邮以及更优惠的价格购买商品上。与此同时,提供更多的选品(比如家居用品、个护保健品、杂货等），以及增加娱乐项目（比如数字内容以及和娱乐相关的内容），也会成为会员权益提升的方向。

这些不间断推出的会员制新产品，其实并非随机挑选的，其内在的选择和淘汰逻辑有两点：

第一，要符合会员制项目的长远利益和价值。

第二，要满足会员的价值感知和使用体验。

其实从本质上来讲这两点在定义和选择目标会员，以及会员产品设计阶段就已经得到了确认和统一，此处再次强调也只是为了保持项目执行的连续性和一致性而已。

11.4.2 会员制带给我的感悟

好了，讲到这里，关于会员制的介绍我就基本上讲完了。在全书结束之前，我还想再跟大家聊聊，作为一名Prime会员项目从设计到落地整个流程的亲历者，我从中得到的最大感悟是什么？

（1）一切从用户出发，然后反向工作，为用户（此处特指"会员"）创造价值。

（2）在尝试中学会做取舍：短期价值必须服从于长期价值。

（3）从战略的高度定义会员制的意义和价值。

关于第一点和第二点在前文中我已经做过多次的说明

了,因此这里就不再赘述,接下来我们主要聊一下第三点。

其实亚马逊的会员制,并不是我们一般意义上理解的那种所谓的会员体系或会员制度,而是一种构建在长期价值和顾客至上经营哲学上的商业模式,它摈弃了常规的企业财务制度约束以及唾手可得的利润,换来的是高度忠诚的会员和无止境的业务扩张。

这种独特的战略级项目之所以会在亚马逊出现,是因为从本质上来讲,它既是一家互联网技术公司,又是一家零售公司。线下零售会员制的"大师"好市多,把会员制做到极致的结果,也就是从会员费中盈利。但亚马逊不同,尽管零售不赚钱,但给它带来了充沛的现金流,它可以不靠Prime会员费盈利。从某种程度来说,Prime会员是一种具有极高价值的流量,亚马逊利用这些数以亿计的流量,构建了世界上最强大的计算平台AWS。并利用这个技术平台,开发了Alexa智能音箱、Amazon Go无人商店来探索更多的可能性……

由此,我们可以看出亚马逊的Prime会员项目在亚马逊的商业模式中演化出了以下独特的价值:

(1)亚马逊通过违背商业常识的Prime会员项目,获得了超预期的口碑和大量忠实的会员。

(2)这些不断涌入的会员,吸引了大量的第三方商家来亚马逊开店。这些第三方商家丰富了亚马逊网站的在线商品库，并利用亚马逊的线下 FBA 物流解决方案提供优质服务，又进一步提高了客户体验，吸引更多人成为亚马逊的 Prime 会员。

（3）在上述业务滚雪球扩大化的过程中，亚马逊衍生出了世界级的 IT 服务能力，于是亚马逊获得了云计算的新机遇和全新业务增长引擎。

所以说，如果你信奉"创造长期价值和客户至上"，并将之上升到战略高度，真正想为用户创造价值并提供超预期的服务，倒逼技术价值创新、优化成本，那么 Prime 会员项目对你来说就绝对具有积极的借鉴作用。

结束语
让你的用户经营飞轮转起来

多年的讲课经历让我养成了一个习惯,那就是在课程的结尾时一定会有问答环节,通常我会用下面这个问题来开启这个环节:

"亲爱的小伙伴们,听完了整堂课,请问你们最大的感受是什么?如果你真的认可其中的理论、方法、逻辑和工具,那么请告诉我:回到工作岗位后,你打算怎样做出变革和创新,好让自己企业的'用户经营飞轮'飞快地转动起来?"

到目前为止我听到的让人印象最深刻,同时也是颇具代表性的一个答案,是这样的:

"张老师,您的课讲得真是太好了,对我们也很有启发!但是……没什么用,因为首先要跟总公司的大领导达成共识呀!"

记得那次是去给某大型国有企业省公司的老总们做分

享，其中一位总经理一边用手指着天花板，一边颇为唏嘘地这样答道。他的话音刚落，就引起了现场所有高管们的共鸣，一阵哄笑和支持、认可的掌声过后，课程就此"愉快"地结束了。

"我们什么都不能做，因为上级不点头是没什么用的！"好吧，我记住了。

因为大家对我的课程反响很好，于是没多久，我就有幸受邀去北京给他们总部的领导们讲课，我想这次终于可以有点用了吧？可是讲完一问台下领导们的反馈，他们还是笑着说：

"张老师，您的课讲得真是太好了，对我们也很有启发！但是……没什么用，因为首先要跟上级领导达成共识呀！"

于是课程再一次在欢笑声中"愉快"地结束了……

变革和创新究竟是自下而上的，还是自上而下的？这是个问题。

"用户经营飞轮"的打造，究竟应该由谁来推动？应该按照一种什么样的方式来进行管理？这是每次课程进行到最后，都会被学员们频繁问到的问题，其答案也是五花八门——比如上面那种"欢乐"的解读。其实我真的能够理解这些企业经营者们的苦衷，当企业发展到一定的规模之后，总会产生这样或者那样的思维和运营上的惯性，比如在用户经营这一点上，最明显的问题就是一切以"内部导向"而非"用户导向"，再加上人本身的惰性，以及对自身职业安全的自我保护，这一切都令企业的转身（从内部视角转到用户视角），变得无比艰难和复杂，于是各种理由就此产生：

"其实不是我不想改，只是制度不允许。"

"变革必须要经过大老板先同意啊，如果上面不动，下面就是累死了也不能成功啊！"

"这套做法'成本'太高，而且不够直接快速，还是让我们以简单直接的打法弯道超车，让自己先活下来再说吧！等我们以后有能力了，再搞这套'奢侈'的玩意吧。"

"'用户经营飞轮'听起来很美，但是现在不适应中国的国情，因为我们的整个商业环境还不够理性，如果硬上，会不会把我们搞成第二个亚马逊中国啊？哈哈哈哈。"

以上这些答案，就是我从创始人和企业各级管理人员口中，最常听到的关于"为什么不做"的解释（可能叫借口更合适吧）。其实关于"变不变？"，以及"如何变"，我的观点非常简单，那就是：

高层在理念、愿景和文化上认可，具体的创新和变革应该采用由下而上的方法来推进和落实。

其实从严格意义上来讲，真正对企业有价值和能产生实际意义的创新，从来都不是靠领导下命令、指方向、喊口号这种方式出现的。创新需要的是一种民主、自由的组织形态和企业文化，关注长远的思维模式，以及允许和拥抱失败的绩效考评体系，这样才能让所有的员工自愿地发起自下而上的改变，然后涓涓细流汇集成河，最终推动整个企业完成整体的转型和飞跃。

根据我这些年在企业推行"用户经营飞轮"的实际经验来看，要想真正成功地将整套的方法论落地，以下两种方法可能就是最佳的解决方案：

（1）"火力全开"：通过与高层在理念、目标和思维方式上达成的共识，以咨询项目的形式启动，搭建集团层面的项目管理小组，然后上线系统化的"变革管理"（Change Management）流程，力争做到自上而下的宣导和培训，以及自下而上的创新和行动方案的制定，从而快速、全面、高效地推进整个企业转型的完成。

（2）循序渐进：从用户的需求和反馈出发，先找到最需要解决的用户体验问题，先上马反向驱动的工具、方法、业务流程，由局部开始推动，等变革的效果和影响累积到一定程度之后，必将触及企业经营管理的深水层（文化、理念、价值观等），这时再对前一段变革管理中的经验教训做出归纳总结和提升，然后将整个项目的管理顺理成章地上升到集团战略的高度,以量变促质变,最终完成整个企业的转型。

以上两种方法各有利弊,关键是要看企业自身的性质(国有企业、民营企业),所处的状态,人员的素质,决策层的认可度、决心以及对这种转型变革的期望值等诸多因素。

后记
当所有的"亚马逊"都离我们而去时,我们就真的胜利了吗

在国内的各种企业中讲授和推广"用户经营飞轮"理论已经有一段时间了,几乎每次分享时都会被个别企业家或公司高管问到一个让人颇为尴尬的问题,那就是亚马逊既然这么厉害,为何在中国却被互联网民企打得满地找牙,最后还不得不黯然退出(电商业务)?

其实一开始我不太愿意主动提及这个话题:一是个中的原因确实挺复杂,不是一两句话就能解释清楚的;二是我也懂得"成王败寇"的商业评判标准,出于市场推广的考量,我也别去自找不痛快啊!于是我便以一种鸵鸟心态和学员们打起了太极。可惜通常熬不过半天,学员们就一定会迫不及待地跳出来,将上面的问题当众抛给我,然后恶作剧般地看着我尴尬的表情,整个教室里很快就会充满

了幸灾乐祸的笑声。

罢了罢了,既然每次都会被打脸,那还不如我自曝家丑,一上来就先解释清楚"为何亚马逊干不过成功的中国本土企业",然后靠着这张悲情牌,搞不好还能落得个"坦白从宽"的全尸,岂不比当众被人羞辱好?于是在心里过了这一关之后,每次在"吹嘘"亚马逊的成功经验之前,我都会主动地先交代清楚"差评",然后才慢慢地过渡到"好评"。你还别说,这么一改的效果真是立竿见影,从此之后学员们不但不会不依不饶地"挑毛病"了,甚至还对我生出了些许同情:

"哎,其实张老师也怪不容易的,随着亚马逊败走中国,他现在连工作都没了,不得不靠兜售亚马逊的这些既不'成功'又稍显'过气'的理论过活,如果我们此时再落井下石,那他今后该怎么办啊?算了算了,咱们还是认真地听课吧,其实客观地想想,他的这套东西还是有道理的……"

既然主动、诚恳地自爆"家丑"可以收到如此的奇效,那就让我在本书的结尾也照此"套路"再多来一遍吧,好好地谈谈亚马逊(以及类亚马逊们)的离去,到底对我们意味着什么。

终究没能熬过那个鲜花灿烂的春天,2019 年 4 月 18 日中午,亚马逊发布公告,其在中国的电商业务将被裁撤(自营+第三方卖家服务),但会保留(并将继续投入)海外购、全球开店、Kindle 和云业务等重点业务："我们将与所有卖家紧密合作，完成后续交接事宜，以确保持续为用户提供优质的购物体验。"官宣如是说道。

再见了，曾经的卓越 – 亚马逊，曾经的中国最短电商域名公司（Z. CN），曾经被无数中国网民讥讽为"性冷淡风"网页设计的互联网外企，终于"半"倒下了（因为只是裁撤了电商业务）。

作为一个曾经两进两出，先后在其供职长达 5 年的亚马逊人（Amazonian），我此时的心情真的是五味杂陈：

震惊？说不上，因为我早知道这一天会来临，只是时间的早晚而已。

痛心？有不少，但也不至于特别严重，因为我还懂"可怜之人必有可恨之处"这句话的含义。

遗憾？这个可以有，但不完全是为了亚马逊，还包括中国的互联网行业，甚至是整个商业大环境。

随着亚马逊中国被踢出局，我们终于在某个细分的商业领域（互联网应用/电子商务），实现了本土企业一统天下的骄人业绩：从之前的易贝、谷歌，到今天的亚马逊，历史的车轮仿佛毫不留情、异常坚定地将这些在全球范围内曾经（以及正在）牛哄哄的互联网公司，一个个碾得粉碎。在这个本土企业取得"完胜"的美丽夜晚，我们是该开瓶香槟庆祝呢，还是要把内心的喜悦稍加收敛，先给自己洗个冷水澡，然后问问自己：

"当我们把所有的'亚马逊'都赶出了中国,我们就真的胜利了吗?"

当某个商业领域(或者是特定的市场和地区)完全被一种形态的组织(公司或企业)所垄断时,我们应该警惕还是开心?

我有幸在20世纪90年代初——自己职业生涯的一开始就加入了一家全球500强公司(或者换句话讲,这也是我职业生涯最大的"不幸"吧),然后一路走来亲身经历和见证了外企在中国最辉煌的岁月,但同时也经历了其由盛转衰光环不在之后的动荡和失落。基于自己的这段亲身经历,要想让我不带感情色彩地评判"亚马逊们"在中国今天的"惨败",那是不可能的事情。因为对我来讲,它们不只是给我提供了养家糊口的工作,也不只是一堆遥不可及的公司Logo,或者能拿来让我在MBA中心教学时分析的冷冰冰的案例,而是我成长岁月中不可替代的有机组成部分——是它们将我从一个懵懂无知的职场新人,一路熏陶成现在的我。

与其说外企教会了我在职场取得成功的原则和方法,倒不如说其让我养成了一种生活习惯和思考问题的方法,而这一切又反过来影响和修正了我的价值观和对生活的诉求。

专制和独裁的组织模式容易招致不可控的风险,因此制约和平衡才是企业长久发展的体制保证。一个过于依赖于某位卓越的领导,而非流程和机制的企业是不健康的。

创新从来都是自下而上的,没有宽松、自由的企业文化和组织架构做根基,任何真正有实质意义的创新和变革都不可能出现——无论有多强、多好的领导意志都没有用。

亚马逊中国业务的退出是否会引起整个中国互联网行业的地震?那是不可能的!还不到1%的市场占有率(电子商务),和它如今在全球的商业地位相比(全球品牌价值排行榜第一和全球最具创新精神的公司之一),简直就像是个笑话。而且某家公司一时的成败,本就是件极其平常的事情。亚马逊确实是一家有着诸多可贵(甚至是伟大)品质(科技创新、用户至上、关注长远)的公司,可惜它的伟大在目前的中国市场毫无优势可言。再加上外企与生俱来的水土不服、决策缓慢的通病,其在中国市场的"没落"也就顺理成章了。

外企在中国的衰落有其自身的原因,这一点在我过往的数篇文章中都进行过翔实的剖析(不接地气、决策缓慢、盲目自大、不信任当地管理团队等),在此无须赘述。每个企业的兴衰,都有其内在的原因和外在的商业规律,我们无须太过激动或者感伤。而且我最主要的诉求,也并非为外企正名,而是要把企业的成败和价值,放到一个更高的层面,一个更广阔的平台来讨论和审视。

什么是企业对社会的贡献和价值?这是一个老生常谈而又意义深远的话题。让自己(企业自身)能好好地活下来，让企业的员工有稳定的收入，从而有能力养家糊口、维持一种有尊严的生活——我相信这是大多数企业首先要解决的一个问题。

那么这样就够了吗？还不够，还要承担社会责任：比如地震、洪灾后捐些善款，捐建几所以自己企业命名的希望小学，给社会弱势群体提供物质和就业的帮助，等等。

能做到这些应该足够了吧？

我这个人平时总爱瞎琢磨，老是会把一些看似毫不相关的事物联系到一起去想。比如说前一段时间，我受邀去一家企业给一批职场新人讲职业规划课，为了保证教学效果，课前企业的HR提出要审核一下我的课程大纲。当她在我的PPT里看到"我为自己工作""工作和生活的平衡""积极主动地管理自己的老板"这些词时，顿时吓得花容失色，忙不迭地要求我立刻把它们删掉！理由是，这些内容和他们的企业文化相违背：

"我们鼓励的是忠诚和责任！每一位员工都应该具有企业主人翁的精神，极强的执行能力，以及对团队和上级的服从。在我们的企业，员工都是抢着加班的！因为只有这样，我们才能在当今残酷的商业竞争中生存和发展下去！你讲的那一套都是不接地气的外企思维，早就已经被现实证明在中国是根本行不通的！改，赶快改！"

后来，经过删减和润色，我的课程大纲总算被HR点头通过了。当两天的课程结束后，我的脑海里还会时不时地浮现出上课时,那一张张对未来充满好奇、幻想和憧憬的年轻人的脸。10年、20年以后,他们会变成什么样的人?

企业的社会责任并不仅仅在于取得商业成功或者帮助弱势群体吃饱穿暖,它更需要创造、传承和反映正确的社会价值观。

风物长宜放眼量。当一切回归理性和本质时,那些真正具备正确价值观、讲求长远的公司,才能好好地发展起来:一枝独秀不是春,百花齐放春满园。希望未来的中国商业版图变得更加多元和包容,否则那些今天正在中国市场嘲笑亚马逊们不接地气、把外企打得满地找牙的"成功"的本土企业们,很快就会发现,那些发生在外企身上的可笑的事,很快就会(而且正在)出现在你们进军海外市场的道路上。

别了亚马逊,以及亚马逊们,但我希望今天的告别不是一种"此生不复相见"的诀别,而是在下一个路口重逢前的再见。预祝中国的本土企业越来越好(不只是商业本身的成功),也祝外企能在中国继续生存下去(而不只是苟延残喘)。因为我坚信:百花齐放虽然没有万众一心来得好看,但其实这才是最具生命力的存在!